कपिल शर्मा
की
बायोग्राफी

सेल्फ मेड कॉमेडियन किंग

कपिल शर्मा की बायोग्राफी

अजिताभ बोस

प्रभात पेपरबैक्स
www.prabhatbooks.com

प्रकाशक

प्रभात पेपरबैक्स

प्रभात प्रकाशन प्रा. लि. का उपक्रम

4/19 आसफ अली रोड, नई दिल्ली-110002

फोन : 23289777 • हेल्पलाइन नं. : 7827007777

इ-मेल : prabhatbooks@gmail.com ❖ वेब ठिकाना : www.prabhatbooks.com

संस्करण

प्रथम, 2022

अनुवाद

राहुल त्रिपाठी

मूल्य

तीन सौ रुपए

मुद्रक

आर-टेक ऑफसेट प्रिंटर्स, दिल्ली

★

KAPIL SHARMA KI BIOGRAPHY

by Shri Ajitabha Bose

(Hindi translation of THE KAPIL SHARMA STORY)

Published by **PRABHAT PAPERBACKS**

An imprint of Prabhat Prakashan Pvt. Ltd.

4/19 Asaf Ali Road, New Delhi-110002

ISBN 978-93-5521-110-1

₹ 300.00

मेरे परम प्रिय

और

सर्वाधिक प्रेरणास्पद

कपिल शर्मा

के लिए।

भूमिका

एक मासूम, बेपनाह शरारती, लाड़ला बच्चा, जिसके चेहरे को देखकर चेहरा खिल उठता है। हुनर-ए-लतीफा की खूबियों से लैस एक महान् फनकार। करोड़ों दिलों को करोड़ों खुशियाँ बाँटता है; जिसके हर शो के इंतजार में हर शो में शामिल होने के लिए अनगिनत लोग घड़ियाँ गिनते हैं। जरा सी मोहब्बत का अहसानमंद। कपिल मुझे पिता समान समझता है। मेरा ये चहेता बेटा।

दुआ करता हूँ, सेहतमंद रहे, जीता रहे और सालोसाल तक इसके कहकहे यों ही गूँजते रहें और यह अपने चाहनेवालों को खुशियाँ बाँटता रहे।

बहुत प्यार के साथ, अपने प्यारे कपिल के लिए।

—धर्मेंद्र

सस्नेह

"दशकों पहले नन्हा, हलका सा, दुबला-पतला, तीखे नैन-नक्श और समझदार आँखोंवाला बच्चा कभी मेरे सामने खड़ा था। उसने मुझे मोह लिया था। इसके बाद वह मंच पर दिखने लगा। रोमांचित कर दिया। जब उसका मंचन खत्म हुआ, मैं अपने पैरों पर खड़ी हुई, तालियाँ बजाते हुए चीखकर बोली, 'शानदार!' उत्साह की चमक बिखेरते हुए वह मुसकराया। एक ही पल में उसकी उस मुसकराहट में प्यार भी था, शरारत भी और थोड़ी शर्म भी।

अमृतसर के इस नौजवान से मुझे उसी दम प्यार हो गया, जो पूरी दुनिया में मौजूद 1 अरब से ज्यादा भारतीयों के दिलों पर राज करने वाला था।

यहाँ तक कि आज भी बेशुमार सफलता और उपलब्धियों के बावजूद, मुझे उसके भीतर बच्चों सरीखी मासूमियत और लड़के-सा आकर्षण, बेहतर प्रदर्शन करने की भूख नजर आती है, जो पहले दिन मैंने देखी थी। बड़ों के प्रति उसके सम्मान में जरा भी मिलावट नहीं आई है; जबकि यह ऐसा पेशा है, जिसकी पहली शर्त ही अपमान या अनादर है। कपिल शर्मा हमेशा कॉमेडी के बेताज और निर्विवाद राजा, बादशाह और शहंशाह रहेंगे। और मेरे लिए उनके जैसे दिग्गज का एक 'जज' के तौर पर आकलन करना न केवल सम्मान की बात है, बल्कि आनंद की अनुभूति भी है।"

—**अर्चना पूरन सिंह**

“लॉकडाउन के बाद उन्होंने सबसे पहले गेस्ट के तौर पर मुझे चुना। ईमानदारीपूर्वक मैं यह कहूँगा कि यह मेरे लिए बड़े सम्मान की बात है। दूसरों को समर्थन और स्नेह बाँटने का उनका अपना ही तरीका है। हो सकता है कि यह भी उनका एक तरीका हो! यह एक भावुक आनंद-यात्रा है; लेकिन उनकी निरंतर मौजूदगी आपको और भी सहज बनाती है और सुकून में ले जाती है। वे एक ऐसे दोस्त हैं, जो आपको बड़ी आसानी से घर जैसा महसूस कराते हैं और इसी सुकून की तलाश हम सबको रहती है। वे तमाम लोगों के लिए प्रेरणा का स्रोत हैं। मेरा मानना है कि वे हमेशा ही अपने सर्वश्रेष्ठ रूप में नजर आते रहेंगे, जो कि बीते हुए कल से हमेशा बेहतर होगा। मैंने उनको हमेशा ऐसा ही जाना है।”

—सोनू सूद

“मैं कपिल को पिछले 10 वर्षों से जानता हूँ और 8 वर्षों से तो साथ ही काम कर रहा हूँ। अब तक मुझे यही लगा है कि मैं दुनिया के सबसे प्रतिभाशाली शख्स से मिला हूँ। वे ऐसे शख्स हैं, जो अपने काम और कंटेंट को हमेशा प्राथमिकता पर रखते हैं। मैंने कभी भी उन्हें किसी सीन या गैग शूटिंग में तब तक संतुष्ट होते नहीं देखा, जब तक कि उसमें पूरा ह्यूमर न आ गया हो। उनके साथ काम करनेवालों को उनसे इनपुट्स का इंतजार रहता है। ऐसा भी समय आता है, जब लोग हैरान रह जाते हैं कि किसी उबाऊ घटना या बेहद साधारण से वाकये में वे ह्यूमर कैसे खोज लेते हैं! उनकी हाजिर-जवाबी ईश्वर का उपहार है। साथ ही, एक चीज और। यह कि वे बड़े हैं, लोकप्रिय हैं, लेकिन इसके बावजूद वे इनसान हैं। कई बार ऐसा हुआ है, मैंने देखा है कि वे हजारों लोगों के बीच मंच पर पहुँच गए और बगैर स्क्रिप्ट के भी वे भीड़ से बातचीत का

क्रम आगे बढ़ा लेते हैं और हर कोई हैरान रह जाता है।

"वे संभवतः इस सदी के सबसे बड़े ह्यूमरिस्ट हैं।

"एक इनसान, जो हजारों-लाखों लोगों के जीवन में खुशी लेकर आता है। वे वाकई वरदान हैं।

"वे बेहद विनम्र हैं। ईश्वर का आशीर्वाद उन पर बना रहे।"

—कीकू शारदा

"हमने सफलतापूर्वक 7 साल तक ऑन स्क्रीन रील जोड़े का सफर पूरा कर लिया है। यह सफर वर्ष 2012 में 'कहानी कॉमेडी सर्कस की' से शुरू हुआ था। तब कौन जानता था कि हम अगले 8 साल, और न जाने आगे कब तक रील जोड़े के रूप में बने रहेंगे!

"स्क्रीन पार्टनर के तौर पर मैंने कपिल के ग्राफ को बेहद करीब से देखा है। वे अत्यधिक प्रतिभाशाली हैं, इसमें रत्ती भर भी शक की गुंजाइश नहीं है। वह एक फीनिक्स चिड़िया की तरह खाक से बुलंदी पर पहुँचे हैं। उन्होंने सारी बाधाओं को मात दे दी है। हमारी ऐसी इंडस्ट्री है, जिसमें गला-काट प्रतिस्पर्धा है, जिसमें वे एक विजेता बनकर उभरे हैं और उन्होंने उलझानेवालों को गलत साबित कर दिया है। मैंने उन्हें एक बैचलर से एक पति और आज एक समर्पित पिता के रूप में परिवर्तित होते देखा है।

"एक कलाकार के तौर पर, वे अपनी प्रतिभा के चलते इस कदर सुरक्षित हैं कि उन्होंने न तो कभी मुझसे और न किसी अन्य सह-कलाकार से खतरा महसूस किया या उसे दरकिनार करने की कोशिश की। वे आपकी मदद करते हैं, कुछ इस तरह से मार्गदर्शन करते हैं कि कोई खुद को कमतर नहीं आँक सकता। कपिल खुद को एक किनारे करके साथी कलाकार को सेंटर स्टेज पर जाने और अपना सर्वश्रेष्ठ

प्रदर्शन करने के लिए प्रोत्साहित करते हैं। उन्हें अपने लिए तारीफ या तालियों की जरूरत नहीं। इसके बजाय, वे अपने सह-कलाकारों का हौसला बढ़ाने में दर्शकों के साथ खुद को जोड़ लेते हैं।

"तमाम लोग मुझसे पूछते हैं कि क्या मैं कपिल के मेरे ऊपर बनाए गए जोक्स से चोटिल महसूस करती हूँ? इसके जवाब में मैंने हमेशा ही 'न' कहा है; क्योंकि इन 8 वर्षों में कपिल कभी मेरे ऊपर नहीं हँसे हैं। हम स्क्रीन पर स्क्रिप्ट के मुताबिक अपनी-अपनी भूमिका अदा कर रहे होते हैं।

"वे आपके साथ हँसेंगे। वे न तो कभी आपकी बेइज्जती करेंगे, न शर्मसार करेंगे; क्योंकि उनकी यह मंशा कभी नहीं रहती। साथ ही, स्क्रिप्ट और कैमरे से दूर होने पर उनका मेरे प्रति लगाव व सम्मान कुछ ऐसा है कि मैं चाहकर भी किसी को साबित नहीं कर पाऊँगी।

"वे एक ऐसे शख्स हैं, जिनकी प्रशंसा मैं हमेशा करती रहूँगी और मेरी दुआएँ हमेशा उनके साथ हैं।"

—सुमोना चक्रवर्ती

"मेरा मानना है कि कपिल शर्मा से ज्यादा उनकी सफलता का श्रेय किसी और को नहीं दिया जा सकता है। उन्हें वास्तव में, प्रदर्शन का वरदान मिला हुआ है। वे कठोर मेहनत करते हैं और आज जहाँ हैं, उसका पूरा हक रखते हैं।

"मुझे उनके साथ स्टेज साझा करने और स्क्रीन पर समय बिताने का अवसर मिला, मेरे लिए यह बड़ी बात है। आनेवाले समय में उन्हें और सफलता व खुशहाली हासिल हो, इसकी मैं दुआ करती हूँ।"

—श्रुति सेठ

"मैं कपिल सर के साथ बीते 6 वर्षों से काम कर रहा हूँ। उनके साथ काम करना एक मजेदार सफर-सा लगता है, क्योंकि वे हर किसी को काम के दौरान भी हँसाते रहते हैं। मुझे आज तक उनके जैसा इनसान नहीं मिला। वे बेहद विनम्र और हर किसी को सम्मान व स्नेह देने में यकीन रखते हैं, सामनेवाले की चाहे जो हैसियत हो, उससे उन्हें फर्क नहीं पड़ता। मेरे जीवन के सफर में उनका बड़ा हिस्सा है और मैं इसके लिए वाकई उनका शुक्रगुजार हूँ। उन्होंने न केवल मुझे काम दिया, बल्कि इस इंडस्ट्री में एक नाम और एक पहचान दिलाई। मैं हमेशा उनका अहसानमंद रहूँगा और हर चीज के लिए उनका शुक्रिया कहना चाहता हूँ और उन सबके लिए भी, जो वे आज हैं। वे सर्वश्रेष्ठ हैं।"

—प्रणय जगदीश परमार

(कपिल शर्मा के हेयरस्टाइलिस्ट)

"मैं जब से उनसे मिला हूँ, तब से केवल उनके लिए ही काम करता हूँ। इस शुरुआत को लगभग 12-13 साल हो चुके हैं। उनके साथ जुड़ाव खुद यह दिखाता है कि मैं उनके साथ कितनी शिद्दत से काम करना चाहता हूँ और वे कितने अच्छे इनसान हैं! मैं मानता हूँ कि वर्ष 2009-10 से यह शानदार सफर शुरू हुआ है। ऊपरवाला हमारे इस जुड़ाव को जारी रखे और अपनी दुआएँ बनाए रखे।

"जिनसे भी मेरा सामना पड़ा, उनमें वे एक बेहतरीन इनसान हैं और उन्होंने मेरे लिए जो कुछ भी किया है, उसके लिए मैं उनका शुक्रगुजार हूँ।"

—सूफियान सिद्दीकी

(कपिल शर्मा के मेकअपमैन)

"'कठिन परिश्रम का कोई विकल्प नहीं है'—कपिल सर से जुड़ने के 4 वर्षों में मैं यह लाइन 400 बार उनसे सुन चुका हूँ। इतने वर्षों में मैं खुद इस बात का गवाह रहा हूँ। उनके साथ कदम-से-कदम मिलाकर चल पाना बहुत मुश्किल है, क्योंकि वे वाकई कठोर मेहनत करते हैं। स्क्रिप्ट में छोटी-से-छोटी बात से लेकर अपने प्रशंसकों के लिए ज्यादा-से-ज्यादा समय और स्नेह देने तक, वे कठिन मेहनत से कभी नहीं हिचकते।

"असाधारण आइकन और एक मेगास्टार, जिसके पास प्रशंसकों का विशाल साम्राज्य हो, यह चौंकानेवाली बात ही कही जाएगी कि वे इस कदर विनम्र और जमीन से जुड़े हुए हैं! मेरी राय में, पवित्र हृदयवाला व्यक्ति ही ऐसा संतुलन साध सकता है।

"उन्होंने एक दशक में पूरा खेल ही बदल दिया है; और मेरा मानना है कि वे खुद के लिए सर्वश्रेष्ठ बनने की तमन्ना रखनेवाले अरबों लोगों के लिए प्रेरणा का स्रोत बने रहेंगे। उनके साथ होना और एक इतिहास को बनते देखना वाकई मेरे लिए एक सम्मान की बात है!

"ईश्वर उन पर और उनके चाहनेवालों पर करम बरसाता रहे।"

—मणिकरण सिंह

लेखक की ओर से

जीवन में कुछ लोग ऐसे होते हैं, जो दुनिया के लिए, लोगों के लिए प्रेरणा बनकर सामने आते हैं और इस बात की भी परवाह नहीं करते कि उनकी हैसियत क्या है! वे वास्तव में, यह जाने बिना जिम्मेदारी अपने सिर पर ले लेते हैं कि जीवन की राह उनके लिए क्या आकार ले सकती है और फिर भी वे निर्णय, असफलताओं एवं सपनों के साथ आनेवाली हर छोटी बाधा के डर के बिना आगे बढ़ते हैं। मेरा मानना है कि जो सपने देखते हैं, वे ही सबकुछ हैं; वही हैं, जो इसे वास्तविकता की दुनिया के माध्यम से जी रहा है।

बड़ा होने के अपने वर्षों में मैं हमेशा से कपिल शर्मा का बहुत बड़ा फैन रहा हूँ। वे मेरे और लगभग 1 अरब अन्य लोगों के लिए एक प्रेरणा हैं। उनका सेंस ऑफ ह्यूमर, सटीक टाइमिंग, वन लाइनर पंच और हर समय चौबीसों घंटे चलनेवाली सहजता ने मुझे हमेशा चकित कर दिया है। ऐसा लगता है कि निर्दोषता की एक परिभाषा थी और उनके नाम के दो शब्द इसका पर्याय हैं; क्योंकि वे चाँद के समान हैं, जहाँ निर्दोषता अपनी पूरी तरह से चामत्कारिक परिभाषा के साथ आती है।

'लाफ्टर चैलेंज सीजन-3' में उनकी भागीदारी के बाद से मैं उनका अनुसरण कर रहा हूँ। उनकी यात्रा एक रोलर कोस्टर की सवारी रही है और इसने मुझे व्यक्तिगत रूप से बहुत प्रेरित किया है। सच कहूँ तो

भारतीय कॉमेडी की दुनिया में उन्होंने कॉमेडी को बिल्कुल नए स्तर पर पहुँचाया है। वे भारत के सबसे प्रेरक व्यक्तित्वों में से एक हैं और मेरा मानना है कि हर किसी को उनकी कहानी जाननी चाहिए।

एक छोटे से शहर के लड़के से कॉमेडी का बादशाह बनने तक का उनका सफर कल्पना से परे है। वास्तव में, इसके अलावा हर वह व्यक्ति उनसे अपनी तुलना कर सकता है, जिसने भी उस चामत्कारिक व्यक्तित्व के जीवन में अब तक आए बदलावों को देखा हो।

मैंने इस पुस्तक को लिखने का चयन नहीं किया था; बल्कि इन सारी चीजों ने मुझे प्रेरित किया है, जो शब्दों में उतरा है। यह पुस्तक लिखना मेरे लिए सचमुच सम्मान की बात थी। कपिल शर्मा की दुनिया को बतानेवाले हर शब्द को एक साथ रखने में मुझे 4 साल से अधिक का समय लगा, जिसमें तमाम शोधों को साथ लाया गया, जिसमें उनकी शख्सियत की अंतर्दृष्टि शामिल है! उनसे जुड़ी जानकारियों एवं प्रेरणा ने इस पुस्तक को एक आकर्षक यात्रा बना दिया और इसलिए मुझे उम्मीद है कि हर पाठक इस अद्‍भुत व्यक्ति की अद्‍भुत यात्रा को पढ़ने की योजना बना रहा होगा।

समय के साथ मैंने लगभग हर लेख को बारीकी से पढ़ा; इंटरनेट पर हर साक्षात्कार को गहनता से देखा। उनके टी.वी. साक्षात्कार देखे, उनके रेडियो साक्षात्कारों को सुना वगैरह, ताकि दुनिया के सामने वह हर चीज ला सकूँ, जो कुछ भी मैंने उनके शब्दों एवं कार्यों में पाया। यह पुस्तक निश्चित रूप से बहुत सारे लोगों, विशेष रूप से कलाकार बनने की तमन्ना रखनेवालों, को प्रेरित करेगी। कपिल शर्मा, भारत आपसे प्रेम करता है और मैं भी।

हमेशा के लिए एक डाई-हार्ट प्रशंसक।

—अजिताभ बोस

आभार

मैं उन बहुत से लोगों के प्रति अपना आभार व्यक्त करना चाहता हूँ, जिन्होंने मुझे इस पुस्तक के साथ बढ़ते देखा। कठिन समय में मुझसे बात करने के लिए अपना समर्थन देनेवालों के लिए, शुरुआती डरावने ड्राफ्ट पढ़ने, उनके सुझाव लिखने, टिप्पणियाँ देने, मुझे उनकी टिप्पणियों को उद्धृत करने की अनुमति देने और संपादन में सहायता के लिए शुक्रिया, आभार!

मैं मणिकरण सिंह को उनके लगातार समर्थन व सहयोग देने और कपिल सर तक इस विशेष पुस्तक तक पहुँचने में मेरी मदद करने के लिए धन्यवाद देना चाहता हूँ।

मैं अजय वोरा को भी धन्यवाद देना चाहता हूँ, जिन्होंने प्रचार को सुचारु रूप से प्रबंधित और समन्वित किया।

मैं तरुण कुमार, अंतरा बोस, हिना रखेजा, शुभम सिंह, मनोज नाग, अभय मौर्य, राजकुमार प्रसाद, प्रसून उपाध्याय, अंकित पाठक, दीपाली पोरवाल, समता डे बोस, आर्थना माहेश्वरी, जय सोनपाल, रोहित कक्कड़, अनिकेत कपूर, अंकित मोर, रक्षित शाह और सुधीर कोठारी को धन्यवाद देना चाहता हूँ—मुझे वह बनाने के लिए, जो मैं आज हूँ।

मैं अपनी संपादक मानवी सिंह को भी इस पुस्तक के संपादन, लेखन एवं पुनर्लेखन के लिए धन्यवाद देना चाहता हूँ। वे पुस्तक की

आत्मा हैं। मैं उनका बहुत ऋणी हूँ। वे मेरी पुस्तकों को पठनीय बनाती हैं।

पूरी पुस्तक में उनके निरंतर समर्थन और सुझावों के लिए निहारिका, दीपक, मणि, प्रवीण, प्रियांशी, अमित, अंतेश और अर्चना ठाकुर को धन्यवाद।

शुक्रिया शाहरुख खान, मेरी जिंदगी को इतना शानदार बनाने के लिए। आप मेरी प्रेरणा हैं। मेरे परिवार, दोस्तों, रिश्तेदारों और चचेरे भाइयों के लिए एक बड़ा आलिंगन, जिन्होंने मुझे हर समय अपना समर्थन दिया और प्रोत्साहित किया।

सबसे बढ़कर, मैं अपने पाठकों और शुभचिंतकों को धन्यवाद देना चाहता हूँ, जिन्होंने बिना शर्त अपना प्यार दिया है।

आप सभी के बिना आज मेरा जीवन वैसा नहीं होता, जैसा है।

—अजिताभ बोस

अनुक्रम

शुरुआत

कपिल शर्मा एक ऐसी घटना हैं, जिससे किसी को भी प्यार हो सकता है। यह कहना अतिशयोक्ति नहीं होगी कि पूरी दुनिया में कुछ एक सर्वाधिक चर्चित लोगों में वे भी शुमार हैं।

कहा जाता है कि सफलता का आइडिया हमेशा अस्थायी होता है, जैसेकि शोहरत। आप किसी शख्स को बहुत सफल पा सकते हैं; पर हो सकता है कि यह उसके लिए काफी न हो। हो सकता है कि शोहरत की बुलंदी पर होने के बावजूद वह अपने लक्ष्यों को हासिल न कर पा रहा हो। हो सकता है कि यह शोहरत उसके सफर में बीच रास्ते में उसका दरवाजा खटखटा रही हो। यही वजह है कि सटीक पैरामीटर्स के तहत सफलता को कभी भी आँकड़ों में नहीं मापा जा सकता; क्योंकि आपके और मेरे लिए यह बिल्कुल अलग तरह से मायने रखती हो, क्योंकि जीवन के लक्ष्यों को दर्ज करनेवाली हैंडबुक हम या आप हर किसी की व्यक्तिगत मिल्कियत होती है। इसलिए, आपकी गाइड मेरे लिए गाइडिंग लाइट शायद नहीं बन सकती।

अमूमन सफलता कभी अकेले नहीं हासिल होती। यह उन चीजों के जरिए आपके पास आती है, जिनकी ख्वाहिश आपने कभी की नहीं होती; जैसेकि स्पॉटलाइट जब आपके सिर के ऊपर होती है तो आप कभी गौर नहीं कर पाते, जब तक कि वह एक खास बिंदु से आपके जीवन

को रोशन नहीं कर देती। लेकिन इसका यह भी मतलब नहीं है कि यह सबकुछ किस्मत की बात है। ऐसा भी नहीं कि आपने इसके लिए वाकई कठिन मेहनत नहीं की थी। जैसाकि आप इस चीज से वाकिफ होंगे ही कि जीवन में कुछ भी मुफ्त नहीं मिलता। यही बात शोहरत के मामले में भी कही जा सकती है। इसकी अपेक्षा है कि आप कठिन परिश्रम करें, जरूरत पड़े तो रात-रात भर जागें और तब तक न रुकने का दृढ़ संकल्प लें, जब तक अपनी बनाई फिनिशिंग लाइन तक आप पहुँच न जाएँ। कुछ इस तरह से हर कहानी शुरू होती है। हो सकता है कि यह वह बिंदु न हो, जहाँ हम पहुँचना चाहते थे; हो सकता है कि यह वह सपना भी न हो, जिसके पीछे हम इतने लंबे समय से पड़े हों; लेकिन तब भी जो कहानी आपसे जुड़ जाएगी, वह बताने योग्य होगी; वह कहानी, जो खारिज होने से शुरू होती है, जिसका सामना हमें कभी न करना पड़े, या जिनके बारे में हमने कभी सोचा ही न हो—फिर भी यह अपने तरीके से खुलती चली जाती है।

कुछ ऐसा ही उनके साथ भी हुआ। एक छोटे शहर का लड़का, जिसने बड़ा सपना देखा; जिसके सपने वास्तविक तो थे ही, साथ ही समान रूप से अनोखे भी थे और उस शख्स से बिल्कुल विपरीत थे, जो वे अपने जीवन की शुरुआत में हुआ करते थे।

कुछ ऐसा ही उनके साथ भी हुआ। एक छोटे शहर का लड़का, जिसने बड़ा सपना देखा; जिसके सपने वास्तविक तो थे ही, साथ ही समान रूप से अनोखे भी थे और उस शख्स से बिल्कुल विपरीत थे, जो वे अपने जीवन की शुरुआत में हुआ करते थे।

कपिल पुंज या जैसा कि हम सभी उनको जानते हैं—कपिल शर्मा। वह शख्स, जिसे पूरी तरह 'कॉमेडी का बादशाह' या 'द कॉमेडी किंग' के तौर पर ही पहचाना जाता है, वे न केवल एक कॉमेडियन हैं, बल्कि

एक टेलीविजन प्रस्तोता, एक कलाकार और एक प्रोड्यूसर भी हैं। अंतर केवल इतना भर है कि वे इन तीनों में से कुछ भी नहीं बनना चाहते थे, या यों कहें कि उन्होंने ऐसा कुछ बनने की वाकई कभी प्लानिंग नहीं की और फिर भी जीवन ने उनके लिए वही राह चुनी, जहाँ उनको खुद चुनना था कि वे सीढ़ी चढ़कर ऊपर पहुँचना चाहते हैं या ऐसे ही निकल जाना चाहते हैं! लेकिन हमें देखने में यह जितना आसान लगता है, उतना दरअसल है नहीं। यह शख्स, जो हमेशा अपने चेहरे पर मुसकान रखता है, उसकी कहानी महज फर्श से अर्श तक की ही नहीं है, क्योंकि इससे भी ज्यादा कुछ है उनके बारे में; वह हर चीज, जो बड़ी आसानी से बिना जानकारी में आए निकल गई।

वे 'ऑरमैक्स मीडिया' की तरफ से वर्ष 2016 की सबसे लोकप्रिय भारतीय टेलीविजन शख्सियत के तौर पर आँके जा चुके हैं और 'फोर्ब्स इंडिया' की 100 सेलिब्रिटी लिस्ट में 2016 में ग्यारहवें और 2017 में अठारहवें नंबर पर रहे; और आइए, हम यह स्वीकार करें कि यह महज एक शुरुआत भर है।

वे 'ऑरमैक्स मीडिया' की तरफ से वर्ष 2016 की सबसे लोकप्रिय भारतीय टेलीविजन शख्सियत के तौर पर आँके जा चुके हैं और 'फोर्ब्स इंडिया' की 100 सेलिब्रिटी लिस्ट में 2016 में ग्यारहवें और 2017 में अठारहवें नंबर पर रहे; और आइए, हम यह स्वीकार करें कि यह महज एक शुरुआत भर है।

उन्होंने भारतीय मनोरंजन जगत् में 'आइडिया ऑफ कॉमेडी' को स्थापित किया है और बगैर यह महसूस किए कि उन्होंने देश भर के करोड़ों लोगों के चेहरे पर हँसी की लहर लाकर कितना बड़ा उपहार दिया है!

उन्होंने कभी ऐसी कोई योजना नहीं बनाई कि वे कॉमेडी जैसे

एलिमेंट पर कोई आइडिया खड़ा करेंगे। दरअसल, कॉलेज के दिनों से ही उनकी गहन दिलचस्पी थिएटर से जुड़े अजूबे में थी। उन्होंने अपने सपनों का पीछा वहीं से करना शुरू किया। उन दिनों की नियति कॉमेडी के छाते के नीचे आने की नहीं थी, साथ ही वे दिन केवल एक्टिंग की ख्याति तक ही सीमित रहनेवाले नहीं थे। उनके भीतर एक अनजानी प्रतिभा छिपी हुई थी। उनके उस रूप की कहानी अब तक तलाशी नहीं गई थी। लेकिन फिलहाल आइए, हम बहुत शुरुआत से यह सफर शुरू करते हैं या यों कहें—एक समय की बात है!

□

एक समय की बात है

हमेशा से ऐसी कहानियाँ हमारे इर्द-गिर्द रही हैं, जो मानवीय मन को लुभाती रही हैं। जरूरी नहीं कि ऐसा हर किसी गैर-पाठक के साथ होता हो। जो भी इस वाक्य से गुजरता हो, लेकिन हर उस शख्स पर यह लाइन सटीक बैठती है, जो कोई किताब खरीद रहा होता है, भले ही उसकी पढ़ी जानेवाली किताबों की सूची पूरी तरह से ठोस हो। लेकिन क्या हम सब एक मिथक में नहीं जीते? क्या हमें जितना बताया जाता है, हम महज उन जानकारियों की मात्रा से ही संतुष्ट हो जाते हैं? क्या हम कभी यह सोचकर हैरान होते हैं कि जिस कहानी से हम जुड़ जाते हैं, वह आती कहाँ से है? जब उस कहानी का पहला प्रारूप तैयार हुआ होगा तो उसके पीछे की कहानी का आइडिया क्या रहा होगा? कहानी का पहला प्रारूप क्या है? लेकिन तभी हमारे सामने आता है व्यापक नजरिया, जो पूछता है कि इससे फर्क क्या पड़ता है? कहानी का पहला प्रारूप मायने क्यों रखे? 'एक समय की बात है' का आइडिया—यह विचार करने के अधीन ही क्यों रहे और हमें हर कहानी के मूल के बारे में क्यों जानना चाहिए?

एक समय एक कहानी का अस्तित्व था, जिसका निर्माण संघर्ष की जमीन से शुरू हुआ और वह आसमान छूती बहुमंजिला इमारत के रूप में खड़ी हो गई। यह कोई बहुत बड़ी बात नहीं लग सकती है; लेकिन जैसे-जैसे तसवीर साफ होती जाती है, उसी तरह यह भी जानने

की जरूरत जोर पकड़ती जाती है कि कौन सी चीज ने उसे हमारे आज में लाकर खड़ा कर दिया? क्योंकि किसी भी हद तक आप कयास लगा लें, लेकिन किसी फिल्म के परदे के पीछे की दास्तानें बताती हैं कि फिल्म को देखने लायक बनाने में कितनी मेहनत की गई है! इससे एक दृश्य उभरता है कि कैसे आज के दिन वह सबकुछ इतना आसान नहीं था! वह एक आइडिया ऑफ जजमेंट आँखों में जगी उम्मीदों को एक झटके में खत्म कर सकता है, जो इतने लंबे अंतराल तक आपकी स्वीकृति की बाट जोह रहा था। 'एक समय की बात है' की यही जरूरत है, क्योंकि इससे एक स्थापना के बारे में लिखा जाता है। इससे एक अनजान अंतर्दृष्टि मिलती है कि हमारे भीतर कैसा भंडार छिपा है! लेकिन हम अमूमन इसी अंतर्दृष्टि के साथ गलती कर बैठते हैं। हम फैसले में विषमता निर्मित करते हैं और यही इस जीवन के अध्याय में आपके सामने खुलता जाएगा।

आपने भी इस शख्स के बारे में तमाम चीजों का आकलन किया होगा, अफवाहों और चर्चाओं पर भरोसा किया होगा या इंटरनेट पर मिली कोई चीज या संभवतः कहीं और फैलाया होगा। लेकिन आप ही बताइए कि क्या मानव मनोविज्ञान ऐसे ही काम नहीं करता?

आपने भी इस शख्स के बारे में तमाम चीजों का आकलन किया होगा, अफवाहों और चर्चाओं पर भरोसा किया होगा या इंटरनेट पर मिली कोई चीज या संभवतः कहीं और फैलाया होगा। लेकिन आप ही बताइए कि क्या मानव मनोविज्ञान ऐसे ही काम नहीं करता? महज इसलिए कि हम दीवार पर नहीं चढ़ सकते, हम उस मेढक की टाँग पकड़कर खींचते हैं, जो पहले ही किनारे पर पहुँच चुका होता है—बिल्कुल उसी तरह, जैसेकि हर कोई उस जैसा नहीं बन सकता। हम उसके आइडिया को बिखेर देते हैं और जिसे

सच के तौर पर माना जाता है, उसके साथ सहज हो जाते हैं। इसलिए, सत्य की आत्मीयता को कभी भी निरंतरता के नियम के तौर पर नहीं माना गया, क्योंकि यह शख्स-दर-शख्स अपने पूरे परिप्रेक्ष्य में बिल्कुल अलग होती है।

मेरे सत्य का आइडिया और इस इनसान की दुनिया कुछ ऐसी ही है।

कपिल पुंज कभी भी इस आइडिया के साथ बड़ा नहीं हुआ कि वह एक दिन 'कॉमेडी किंग' बनेगा। दरअसल, उनका परिवार एक ऐसी पृष्ठभूमि से संबंध रखता है, जहाँ पुलिस के बैज और राज्य की कानून व व्यवस्था की जिम्मेदारियों की ही बातें होती हैं। पंजाब पुलिस में हेड कॉन्स्टेबल जीतेंद्र कुमार पुंज का आभामंडल दृढ़ निश्चयी, अनुशासित और जीवन के प्रति लगनशील रहा है, जिसे उनके छोटे से परिवार ने अपने साथ आगे बढ़ाया। किसी भी अन्य लड़के की तरह कपिल अपने पिता से बहुत गहराई से जुड़े थे, जो कि एक पुलिसकर्मी थे; और जब बात दिल के मामलों की आती थी तो उनके पास बेहद कम शब्द और हाव-भाव झलकते थे। इसलिए 10 अप्रैल, 1981 को पैदा हुआ लड़का समय बीतने के साथ अपनी माँ जनक रानी को ज्यादा मानने लगा। एक गृहिणी के तौर पर, उनकी खूबी यही थी कि वे अपने करीबियों को एक साथ जोड़कर रखती थीं। फिर भी, जीवन की कठोरताएँ बगैर गौर कराए नहीं रह सकतीं, जो हमेशा जीवन से जुड़ी रहती हैं।

कपिल पुंज कभी भी इस आइडिया के साथ बड़ा नहीं हुआ कि वह एक दिन 'कॉमेडी किंग' बनेगा। दरअसल, उनका परिवार एक ऐसी पृष्ठभूमि से संबंध रखता है, जहाँ पुलिस के बैज और राज्य की कानून व व्यवस्था की जिम्मेदारियों की ही बातें होती हैं।

गेट लगी पुलिस कॉलोनी के बीच पलने-बढ़ने के दौरान कपिल अपने पिता से ज्यादा लगाव रखते थे। उनके पिता को सन् 1997 में ब्लड कैंसर का पता चला और जीवन की इस सच्चाई से पहली बार इस लड़के का सामना हुआ था, जिसे जरा भी अंदाजा नहीं था कि जीवन उसे कहाँ लेकर जाएगा!

यह समय न केवल कपिल के उस उम्र में कदम रखने का था, जहाँ वे अपने सपनों को हासिल करने पर काम करते, बल्कि एक ऐसा दौर भी था, जहाँ से वे अपने कदम पीछे खींचने की सोच भी नहीं सकते थे। लेकिन, जैसाकि कहा जाता है, सपनों से बढ़कर जिम्मेदारियाँ जीवन में हमेशा बड़ी भूमिका निभाती हैं।

यह समय न केवल कपिल के उस उम्र में कदम रखने का था, जहाँ वे अपने सपनों को हासिल करने पर काम करते, बल्कि एक ऐसा दौर भी था, जहाँ से वे अपने कदम पीछे खींचने की सोच भी नहीं सकते थे। लेकिन, जैसाकि कहा जाता है, सपनों से बढ़कर जिम्मेदारियाँ जीवन में हमेशा बड़ी भूमिका निभाती हैं।

जिम्मेदारियों का बोझ ऐसा नहीं होता, जिसे कोई चुन सके; बल्कि ये आपके दरवाजे पर तब दस्तक देती हैं, जब आपके जीवन में काली घटाएँ पहले से ज्यादा गहरी होती हैं। वे आपके इर्द-गिर्द मँडराती तो रहती हैं, लेकिन आपके सामने तभी आती हैं, जब आपका जीवन खुशियों से भरा होता है। एक तरफ जहाँ उनकी बहन की नई-नई शादी हुई थी, उनके पिता की सेहत इस कदर बिगड़ गई कि वे देश के प्रति अपनी देशभक्ति प्रदर्शित करने की स्थिति में भी नहीं रह पाए। उनके पिता बिस्तर पर पड़ गए तो उनके लिए परिवार की जिम्मेदारियों का बोझ उठाना संभव नहीं रहा। अंततः, कपिल को परिवार की रोजी-रोटी के इंतजाम और अपने

पिता की देख-रेख के लिए आगे आना पड़ा।

कपिल को तमाम तरह के काम करने पड़े, जैसे—एक पी.सी.ओ. सहायक, कपड़े की दुकान पर एक सहायक और एक नियमित जनरल स्टोर पर क्रेट्स उठानेवाले भी बने। उन्होंने एक मिल में भी काम किया, क्योंकि जब बात आपके अस्तित्व पर आ जाती है तो आपके सामने जो कुछ भी आता है, आप उसे मना नहीं कर सकते। मेरा मानना है कि जीवन में कठिन समय की यही ताकत होती है। वह आपके पास यह परीक्षा लेने आता है कि आप कितने शांत रह सकते हैं, किस तरह का धैर्य आप वहन करते हैं और उस दौर से उबरने में आप किस तरह की दृढ़ता प्रदर्शित करते हैं! जीवन के ड्राफ्ट प्लान में कोई भी चुनौती इस तरह नहीं होती, जो कि आपको नीचे की ओर खींचे या बदतर हालत में भी आपको बरबाद कर दे। यह एक परीक्षा का मामला होता है, ताकि आपको आगे बढ़ाया जा सके और एक संपूर्ण इनसान के रूप में ढाला जा सके। यह न केवल आपको मजबूत बनाती है, बल्कि आपको अपना ही बेहतर स्वरूप हासिल करने में भी मदद करती है।

मेरा मानना है कि कपिल की कहानी भी कुछ अलग नहीं थी। जैसे-जैसे समय बीतता गया, उन्होंने धैर्य, दृढ़ता और असफल न होने या प्रयास न छोड़ने का आइडिया सीखा। उन्होंने सीखा कि जीवन में रोजी-रोटी के लिए हाथ आया हर काम महत्त्वपूर्ण है।

मेरा मानना है कि कपिल की कहानी भी कुछ अलग नहीं थी। जैसे-जैसे समय बीतता गया, उन्होंने धैर्य, दृढ़ता और असफल न होने या प्रयास न छोड़ने का आइडिया सीखा। उन्होंने सीखा कि जीवन में रोजी-रोटी के लिए हाथ आया हर काम महत्त्वपूर्ण है। पुरानी सोचवाले, भेदभाव करनेवाले विचार उनके जीवन से निकल गए; क्योंकि उन्होंने

महसूस किया कि हर इनसान, चाहे वह जहाँ से भी ताल्लुक रखता हो, वह क्या करता हो और अब तक कैसे भी रहता आया हो, वह सम्मान का हकदार है।

कठिन समय कभी भी बताकर नहीं आता; बल्कि वह बिन बुलाया मेहमान होता है, जो गरमियों की छुट्टियों पर आया होता है और जाने में समय लेता है, लेकिन अंततः जाता जरूर है। जीवन भी इसी तरह होता है, जहाँ कठिन समय आता-जाता रहता है, बिल्कुल खुशनुमा दिनों की तरह।

कठिन समय कभी भी बताकर नहीं आता; बल्कि वह बिन बुलाया मेहमान होता है, जो गरमियों की छुट्टियों पर आया होता है और जाने में समय लेता है, लेकिन अंततः जाता जरूर है। जीवन भी इसी तरह होता है, जहाँ कठिन समय आता-जाता रहता है, बिल्कुल खुशनुमा दिनों की तरह।

कपिल ने भी अपनी माँ, बिस्तर पर पड़े बीमार पिता, एक बहन और भाई की जिम्मेदारियों का बोझ उठाने में काफी कठिन मेहनत की। उन्होंने किराए के घरों में जिंदगी गुजारी और कर्ज में भी रहे, फिर भी उम्मीद नहीं छोड़ी। जीवन ने क्रूर करवट ली, लेकिन जीवन की कठिनतम झलक में भी कपिल ने एक चीज का बलिदान कभी नहीं किया और वह चीज उन्हें बेहद प्रिय थी—गाना।

उन दिनों संगीत ऐसा विषय नहीं था, जिसे पढ़ना ही होता था। आखिरकार, हर माता-पिता अपने बच्चों को व्हाइट कॉलर जॉब और जीवन में स्थिरता के साथ देखना चाहते थे। लेकिन शायद सपनों की दुनिया कुछ ऐसी होती है, जो आसानी से नहीं छूटती। समय के साथ, वर्षों तक तमाम तरह के काम करते हुए अपने परिवार की देखभाल से भरे वे बेहद थकाऊ दिन थे। लेकिन वहीं दूसरी ओर, उन्होंने ए.पी.जे. कॉलेज

ऑफ फाइन आर्ट्स, जालंधर में अपनी उच्च शिक्षा भी जारी रखी।

यह दुनिया का एक असाधारण क्षेत्र कहा जाएगा। एक गैर-विधिक कॅरियर पर काम करने का विचार या जैसाकि हम देख सकते हैं, क्योंकि हमारा समाज इसी तरह से छिलके उतारता है। हर वह चीज, जो गैर-परंपरागत होती है, उस पर काम करना उचित नहीं माना जाता; जैसेकि उसके पास कुछ और करने के लिए न हो, इसलिए उसने यह काम चुना हो और जो शख्स इस काम को करने जा रहा है, उसके बारे में यह विचार रहता है कि वह एक असंभव चीज का पीछा कर रहा हो, जब तक कि समय उसकी बेहतरी के लिए करवट नहीं लेता!

कपिल कभी भी मशहूर होना नहीं चाहते थे। वे केवल अपने को सुने जाना और सराहे जाने की ख्वाहिश रखते थे। जीवन के एक लंबे दौर में, जब वे विकसित हो रहे थे, उनके पिता को उनकी आवाज में कुछ अलग ही कशिश महसूस होती थी, लेकिन परिवार चलाने की चिंता भी साथ-ही-साथ लगी रहती थी। मेरा मानना है कि कोई भी अन्य शख्स, या यों कहें कि बहुसंख्यक लोग अपने सपनों पर अस्तित्व की लड़ाई को नहीं चुनते; लेकिन इसीलिए उन लोगों का नाम याद रखने के लायक भी नहीं होता। अधूरे ख्वाबों के साथ अकसर लाखों 'अगर-मगर' जुड़े होते हैं और शायद हमें सपनों के सिलसिले में यही बदलाव लाने की जरूरत है। कपिल ने इसे ही चुना।

> *कपिल कभी भी मशहूर होना नहीं चाहते थे। वे केवल अपने को सुने जाना और सराहे जाने की ख्वाहिश रखते थे। जीवन के एक लंबे दौर में, जब वे विकसित हो रहे थे, उनके पिता को उनकी आवाज में कुछ अलग ही कशिश महसूस होती थी, लेकिन परिवार चलाने की चिंता भी साथ-ही-साथ लगी रहती थी।*

उन्होंने गैर-परंपरागत चीजों को चुना; क्योंकि एक अनोखी चीज, जो इसके साथ जुड़ती है, वे होती हैं गैर-परिभाषित सीमाएँ। उपलब्धियाँ पहले के बने-बनाए बेंचमार्क या फिनिशिंग लाइन पर मार्क की हुई सीमाओं के भरोसे नहीं हासिल होतीं। अतः आप कहीं भी घूमकर पहुँच सकते हैं, समय लगाकर अपने सपने तैयार कर सकते हैं या शायद नहीं कर पाते, लेकिन तब भी गेंद हमेशा आपके पाले में रहती है। लेकिन सवाल यह है—कपिल ने दरअसल सपने देखना कब शुरू किया ?

कॉलेज के दिन

फाइन आर्ट्स का विचार उनके जीवन में एक बदलाव के लिए था, ताकि वे संगीत सीख सकें; लेकिन चूँकि इसमें बहुत कुछ सीखने को नहीं मिला, इसलिए उन्होंने थिएटर और ड्रामा की दुनिया में कदम रखा, तमाम तरह की भूमिकाएँ निभाईं। यह वह चीज थी, जिसे वे खुद से कर सकते थे।

फाइन आर्ट्स का विचार उनके जीवन में एक बदलाव के लिए था, ताकि वे संगीत सीख सकें; लेकिन चूँकि इसमें बहुत कुछ सीखने को नहीं मिला, इसलिए उन्होंने थिएटर और ड्रामा की दुनिया में कदम रखा, तमाम तरह की भूमिकाएँ निभाईं। यह वह चीज थी, जिसे वे खुद से कर सकते थे। यह ऐसी चीज थी, जिसे उन्होंने नहीं चुना था, बल्कि यह उनके लिए जीवन का एक हिस्सा बन गई।

थिएटर और आर्ट में भागीदारी के चलते जल्दी ही कपिल अपने कॉलेज में काफी मशहूर हो गए। इसलिए ध्यान खींचना मात्र उनके लिए एक अतिरिक्त बोनस-सा था। उनको स्कॉलरशिप भी मिली और इस तरह, जब कपिल को अपना क्षेत्र चुनने को कहा गया तो उन्होंने उस कॉलेज के सबसे महँगे कोर्स को चुना। सीखने की दूसरी दुनिया

में दिलचस्पी को मोड़ने की वजह से उन्हें पढ़ाई में बहुत मेधावी नहीं कहा जा सकता, इसलिए वे कमर्शियल आर्ट्स एवं कंप्यूटर साइंस जैसे अपने विषयों में भी पिछड़ने लगे। लेकिन यह केवल यूनिवर्सिटी में कदम टिकाए रखने और अलग-अलग कॉलेजों में थिएटर प्रतिस्पर्धाओं में हिस्सा लेने के लिए उन्होंने किया। इसलिए कक्षाओं में शामिल हो पाने का वाकई सवाल नहीं उठता था।

ऐसा आमतौर पर कहा जाता है कि कक्षाओं में सीखने के लिए कुछ खास नहीं होता। हालाँकि, इसका मतलब यह नहीं कि जो पढ़ रहा हो, उसे ऐसा नहीं करना चाहिए; बल्कि एक ऐसी दुनिया भी है, जो उससे परे है और उसे तलाशा जाना चाहिए। आप मेरी कही बातों को भलीभाँति समझ रहे होंगे; लेकिन इन बातों का असल जिंदगी में अमल ही है, जो मायने रखता है। कपिल शायद कक्षाओं के लिए नहीं बने थे, लेकिन वे अपने मन-मुताबिक जिंदगी जीने के लिए अपना बेहतरीन प्रयास कर रहे थे। इन्हीं कठिन हालात में 17 साल के कपिल के सिर पर से पिता का साया उठ गया, जो कैंसर से अपनी लड़ाई हार गए और संभवत: सभी चीजें कुछ समय के लिए वहीं ठहर गईं।

ऐसा आमतौर पर कहा जाता है कि कक्षाओं में सीखने के लिए कुछ खास नहीं होता। हालाँकि, इसका मतलब यह नहीं कि जो पढ़ रहा हो, उसे ऐसा नहीं करना चाहिए; बल्कि एक ऐसी दुनिया भी है, जो उससे परे है और उसे तलाशा जाना चाहिए।

घर के हालात ऐसे थे कि कपिल का परिवार उनके पिता का अंतिम संस्कार भी समुचित तरीके से नहीं कर पाया। एक तरफ जहाँ यह दु:खदायी दौर था, वहीं यह भी अपेक्षा थी कि हर समय व्यावहारिक बनकर चला जाए। एक साक्षात्कार में उनकी माँ ने बताया कि उनके

पास इतने पैसे भी नहीं थे कि पति का अंतिम संस्कार किया जा सके। फिर भी, कपिल ने हार नहीं मानी। उन्होंने किसी तरह से कर्ज लेकर सारी जरूरी चीजें इकट्ठा कीं और अपने पिता को विदाई दी।

जिंदगी ऐसे ही रंग दिखाती है। यह हमें टुकड़ों में मौत से परिचित कराती है—उन लोगों के जरिए, जिन्हें हम जानते हैं और जिन्हें हम प्यार करते हैं। महसूस करने की तीव्रता हर पैमाने के साथ बढ़ती जाती है और इसके चलते जिंदगी की कहानी में हर चीज बदलती जाती है। आप महसूस करते हैं कि नुकसान की अवधारणा समय के साथ बदलती है; लेकिन उससे बड़ा नुकसान और कोई नहीं होता, जिसे हम अपना कहते हैं और अगर वह हमसे दूर हो जाए! कपिल के लिए उनके पिता शुरुआत से न केवल उनके राजदार मित्र थे, बल्कि जब उनकी कहानी का अंत हुआ, तब वे उनके बेहतरीन मित्र बन चुके थे। वे चाहते थे कि उनके पिता उनके सामने मौजूद रहें, उन्हें गाते हुए सुनें, उनकी पहली एवं बदतर प्रस्तुतियों के गवाह बनें; और वे चाहते थे कि पिता उनके मार्गदर्शक के तौर पर मौजूद रहें और शायद इतने बरसों उनके साथ रहे भी, पर दूर से ही, क्योंकि वे सफर नहीं कर सकते थे।

> ***जिंदगी ऐसे ही रंग दिखाती है। यह हमें टुकड़ों में मौत से परिचित कराती है—उन लोगों के जरिए, जिन्हें हम जानते हैं और जिन्हें हम प्यार करते हैं। महसूस करने की तीव्रता हर पैमाने के साथ बढ़ती जाती है और इसके चलते जिंदगी की कहानी में हर चीज बदलती जाती है।***

पूरी दुनिया घूमना उनके पिता का सपना था, लेकिन खराब आर्थिक स्थिति के चलते ऐसा करना संभव नहीं था। ऐसा माना जाता है कि एक बार कपिल विदेश जा रहे थे, तब उन्होंने दो टिकट खरीदे थे—एक अपने लिए और दूसरा अपने दिवंगत पिता के लिए। उन्होंने अपनी यादों

में सँजोने के लिए पूरे सफर में विमान में एक सीट खाली रखी।

कपिल की कहानी का यह अंत नहीं था, केवल एक झटका था—फीनिक्स ने ऊँची उड़ान भरकर पीछा करने की योजना बनाई; क्योंकि वहीं से उन्होंने उन चीजों के सपने देखने शुरू किए, जो उन्हें चाहिए थीं—हर वह चीज, जो वे चाहते थे और हर वह चीज, जो उनके पिता चाहते थे। चूँकि सपनों पर कोई टैक्स नहीं लगता, इसलिए उन्होंने हासिल किए जा सकनेवाले सपनों की नींव तैयार करनी शुरू की और उनकी 'द कॉमेडी किंग' की कहानी ने रफ्तार पकड़ ली।

□

शोहरत का सफर

कपिल शर्मा को अपना नाम 'कपिल पुंज' कभी पसंद नहीं आया। वे मानते भी हैं कि 'शर्माजी का बेटा' पुकारे जाने में कुछ अलग बात है और यह उनके लिए सही काम कर सकता है। हालाँकि, कॉलेज में हाजिर रहने के आदर्श व्यवहार की कमी और एक स्कॉलर होना—दोनों अलग-अलग परिदृश्य होते हैं।

थिएटर को लेकर उनकी दिलचस्पी के चलते तमाम कार्यक्रमों के जरिए उनका दिल्ली और पंजाब आना-जाना हुआ। ये कार्यक्रम किसी शैली में सीमित नहीं थे। विपरीत प्रकृति के चलते उनकी भूमिकाएँ या प्रस्तुतियाँ आमतौर पर गंभीर नोट पर कोरियोग्राफ की जाती थीं। एक तरफ जहाँ उनकी असल दिलचस्पी संगीत की दुनिया में थी, वहीं अदाकारी उनका महज एक अन्य शौक जैसा था। संगीत के लिए वे एक उपहार की तरह थे, क्योंकि उनके शास्त्रीय संगीत का कौशल बहुत उन्नत स्तर पर था और ईश्वर ने उन्हें अत्यधिक सुरीली आवाज का आशीर्वाद दे रखा था। इसके साथ-साथ उन्हें गिटार, ड्रम्स, ट्रंपेट, तबला, ढोलकी, पियानो, हारमोनियम और तमाम अन्य वाद्य यंत्रों को बजाने में भी महारत हासिल है, जो मीठी आवाज की दुनिया की डायनेमिक्स के लिए एक वरदान की तरह था।

कपिल के अंदर कॉमेडी का भी एक हुनर था; लेकिन उन्होंने कभी

भी गंभीरता से इस दिशा में कॅरियर बनाने का नहीं सोचा था। हालाँकि, जीवन में उनका एकमात्र उद्देश्य सफलता की सीढ़ियाँ चढ़ते हुए अपने उत्थान का था, और तभी उनके जीवन में एक खूबसूरत कॉमेडी से भरा वाकया हुआ।

एक ऐसे राज्य में पैदा होना, जिसका मिजाज ही खुश रहने का हो और जहाँ हँसी-ठहाके सटीक बैठते हैं—उनका प्रेम बाँटने का सार, ऐसे जीना कि जैसे कल आएगा ही नहीं और कभी दबाव न लेनेवाला रवैया—ऐसे एलिमेंट हैं, जो कॉमेडी फैक्टर को स्पष्ट और ऊँचा रखते हैं, क्योंकि कोई भी चीज उनकी भावनाओं को कमतर नहीं कर सकती है। कपिल रोजमर्रा की बातचीत में भी मजाकिया अंदाज रखते थे, लेकिन वे इसे कभी भी एक कॅरियर विकल्प के तौर पर नहीं सोचते थे, जब तक कि कॉमेडी खुद चलकर उनके दरवाजे नहीं पहुँची और उसने दस्तक दिया। उन्होंने अपने जीवन में कभी भी यह रवैया नहीं रखा; बल्कि जब उन्होंने बतौर थिएटर आर्टिस्ट अपने कॅरियर की शुरुआत की थी, तब वे ज्यादातर गंभीर भूमिकाएँ ही निभाते थे और गंभीर किस्म के नाटकों में हिस्सा भी लेते थे। हालाँकि, यूथ फेस्टिवल्स में उनको यह महसूस हुआ कि उनके भीतर कॉमेडी की तरफ झुकाव वाली चीजें हैं। जो चीज उनको सबसे ज्यादा मजेदार लगी, वह यह कि दर्शकों की तरफ से

एक ऐसे राज्य में पैदा होना, जिसका मिजाज ही खुश रहने का हो और जहाँ हँसी-ठहाके सटीक बैठते हैं—उनका प्रेम बाँटने का सार, ऐसे जीना कि जैसे कल आएगा ही नहीं और कभी दबाव न लेनेवाला रवैया—ऐसे एलिमेंट हैं, जो कॉमेडी फैक्टर को स्पष्ट और ऊँचा रखते हैं, क्योंकि कोई भी चीज उनकी भावनाओं को कमतर नहीं कर सकती है।

बगैर देरी के इस पहलू को लेकर सकारात्मक प्रतिक्रिया भी आने लगी। उनकी कॉमेडी भूमिकाओं की माँग बढ़ने लगी। भावनाओं और दुःखांतों की दुनिया के शायद दर्शकों के भीतर होने या नहीं होने के सबूत तो नहीं हैं, हो सकता है कि कोई शख्स रो न रहा हो, लेकिन अंदर से उसके दुःखी होने को आप महसूस नहीं कर सकते। अतः वे हँसी के ठहाकों में झनकार के शौकीन हो उठे।

इस तरह, टेलीविजन पर उनकी सबसे पहली मौजूदगी एम.एच. वन चैनल पर कॉमेडी शो 'हँसदे हँसांदे रावो' के रूप में सामने आई। संभवतः यह महज एक शुरुआत थी। हर शख्स को आत्मविश्वास बढ़ाने के लिए उत्साहवर्धन की जरूरत होती है, भले ही वह इसकी माँग न करे; लेकिन संभवतः एक समय के बाद उन्होंने सीख लिया कि कैसे हर चीज आपकी योजना के मुताबिक काम नहीं कर सकती, लेकिन हर चीज आपकी किस्मत में पहले से तय योजना के मुताबिक काम करती है।

किस्मत हमेशा से हमारे चुनावों की एक कहानी के रूप में हमारे इर्द-गिर्द रहती है। अवसरों के रूप में हम विकल्प चुनते हैं, क्योंकि शायद यही सर्वोत्तम चीज होती है, जो हम अपने लिए कर सकते हैं। लोग अकसर भाग्य और किस्मत में भ्रमित हो उठते हैं।

किस्मत हमेशा से हमारे चुनावों की एक कहानी के रूप में हमारे इर्द-गिर्द रहती है। अवसरों के रूप में हम विकल्प चुनते हैं, क्योंकि शायद यही सर्वोत्तम चीज होती है, जो हम अपने लिए कर सकते हैं। लोग अकसर भाग्य और किस्मत में भ्रमित हो उठते हैं। दरअसल, वे उन्हें एक-दूसरे का पर्यायवाची समझ बैठते हैं। लेकिन ऐसा तभी होता है, जब वे जानते नहीं हैं।

किसी इनसान के जीवन में आवश्यक रूप से जो घटना होती है या

भविष्य में होने वाली है, उसे 'किस्मत' कहते हैं; जबकि भाग्य को हम ऐसी घटना के तौर पर बता सकते हैं, जो किसी भी व्यक्ति के नियंत्रण से बाहर होती है और वह सर्वशक्तिमान की तरफ से पूर्व निर्धारित होती है, या जैसाकि इसके बारे में माना जाता है। कपिल की किस्मत में सफल होना लिखा था, लेकिन कॉमेडी की तरफ उनको दिशा दिखाना भाग्य का खेल था, जिसे कोई नकार नहीं सकता। उन्होंने हालात के बदलने का इंतजार नहीं किया और चीजें बेहतर होती चली गईं। उन्होंने बस, अपनी तैयारी रखी और उस गली की ओर चल पड़े, जो उन्हें वहाँ ले गई, जहाँ वे मौजूदा दौर में हैं। उन्होंने कभी भी ठहरकर बेहतर अवसरों का इंतजार नहीं किया, जो वे अपने लिए खुद से बनाना चाहते थे—और उनके जीवन में इसी बात ने अंतर पैदा कर दिया।

वर्ष 2007 में कपिल ने एक अलग चुनाव किया था, केवल इस बार चीजें मन-मुताबिक नहीं रहीं।

'द ग्रेट इंडियन लाफ्टर चैलेंज' का ऑडिशन अमृतसर में हुआ और कपिल के भीतर का जुनूनी अंदाज उनको उस शो के ऑडिशन में ले गया; लेकिन उनके लिए निराशाजनक बात यह रही कि वे रिजेक्ट कर दिए गए। उनके बचपन के दोस्त चंदन प्रभाकर ने ऑडिशन क्लियर किया और शो के लिए चुन लिये गए।

'द ग्रेट इंडियन लाफ्टर चैलेंज' का ऑडिशन अमृतसर में हुआ और कपिल के भीतर का जुनूनी अंदाज उनको उस शो के ऑडिशन में ले गया; लेकिन उनके लिए निराशाजनक बात यह रही कि वे रिजेक्ट कर दिए गए।

खारिज किया जाना हमेशा हमें हताश करता है और हम न केवल उस जंग में हार जाते हैं, जो हमने खुद चुनी होती है, बल्कि यह उम्मीद भी गँवा देते हैं कि हम उस जंग को दोबारा नहीं जीत सकते। सफलता की तलाश में यह जरूरी कदम होता है, क्योंकि एक बार खारिज होने

के बाद शख्स महसूस करता है कि उसे थोड़ी और मेहनत, थोड़ी और बहादुरी के साथ उभरना चाहिए, जैसे एक फीनिक्स चिड़िया आपको स्तब्ध कर देती है। कुछ ऐसा ही हुआ उनकी अगली कहानी में।

अगली बार कपिल ने फिर ऑडिशन दिया। इस बार वह ऑडिशन दिल्ली में हुआ था। 'द ग्रेट इंडियन लाफ्टर चैलेंज' एक भारतीय रियलिटी शो था, जो देश भर में स्टैंडअप कॉमेडी के छिपे हुनर को प्रोत्साहित करता था। इस शो में नामचीन हस्तियाँ जज बनकर आती थीं, जैसेकि शेखर सुमन और नवजोत सिंह सिद्धू। ये लोग पहले और दूसरे सीजन के साथ लगातार तीसरी बार इस शो में जज बने। जमीनी तरीका वही था कि लोगों को अपनी प्रस्तुति देने के लिए बुलाया जाता था और उन्हें अपनी कॉमेडी स्किल के बलबूते जजों और दर्शक ऑडियंस को हँसा-हँसाकर लोट-पोट कर देना होता था। सुनने में यह भले ही बहुत आसान लगे, लेकिन एक बड़े दर्शक वर्ग को गुदगुदाने और प्रभावित करनेवाले जोक्स को तैयार करना बिल्कुल आसान नहीं है।

अगली बार कपिल ने फिर ऑडिशन दिया। इस बार वह ऑडिशन दिल्ली में हुआ था। 'द ग्रेट इंडियन लाफ्टर चैलेंज' एक भारतीय रियलिटी शो था, जो देश भर में स्टैंडअप कॉमेडी के छिपे हुनर को प्रोत्साहित करता था। इस शो में नामचीन हस्तियाँ जज बनकर आती थीं, जैसेकि शेखर सुमन और नवजोत सिंह सिद्धू।

इस बार अंतर केवल इतना था कि कपिल न केवल ऑडिशन में चुने गए, बल्कि उन्होंने इस सीजन को जीता और 10 लाख रुपए का नकद इनाम लेकर घर गए। किसी भी सामान्य व्यक्ति के लिए यह जीवन बदल देनेवाला पल होता, लेकिन कपिल के लिए इनाम की यह रकम एक और जिम्मेदारी को पूरा करने का माध्यम मात्र थी।

जीवनपर्यंत बनी रहनेवाली सुखद यादों के लिए कपिल ने उस रकम से अपनी बहन पूजा का धूमधाम से विवाह किया। यह उनके परिवार में अब तक के सबसे दर्शनीय और लकदक विवाहों में शुमार रहा।

कपिल के जीवन ने यहाँ से करवट बदली। उनको ऐसी जगह पर ला खड़ा किया, जहाँ से उन्हें एक नई शुरुआत करनी थी। कपिल ने कभी भी खुद को कॉमेडी का मास्टर नहीं कहा। दरअसल, वे केवल अपने गायक बनने के अवसरों की तलाश में सपनों की नगरी मुंबई जा पहुँचे। इस शहर को सपने देखनेवाले करोड़ों लोगों का घर कहा जाता है, सब एक से बढ़कर एक—सभी को अपने जीवन में उस एक शॉट की दरकार होती है, जो उनके लिए हर चीज को बदलकर रख दे।

कपिल के लिए वह शॉट बॉलीवुड नंबर या बॉलीवुड के जैसा नहीं था, बल्कि यह पूरी तरह से भिन्न माध्यम और भिन्न शैली लिये हुए था। कपिल ने परम आत्मविश्वास और गौरव के साथ तीसरा सीजन जीता था तो 'द ग्रेट इंडियन लाफ्टर चैलेंज' के निर्माताओं ने कपिल को एक और ऐतिहासिक पल से जुड़े 'कॉमेडी सर्कस' में काम करने का प्रस्ताव दिया।

कपिल के लिए वह शॉट बॉलीवुड नंबर या बॉलीवुड के जैसा नहीं था, बल्कि यह पूरी तरह से भिन्न माध्यम और भिन्न शैली लिये हुए था। कपिल ने परम आत्मविश्वास और गौरव के साथ तीसरा सीजन जीता था तो 'द ग्रेट इंडियन लाफ्टर चैलेंज' के निर्माताओं ने कपिल को एक और ऐतिहासिक पल से जुड़े 'कॉमेडी सर्कस' में काम करने का प्रस्ताव दिया।

कपिल ने जब इसमें पदार्पण किया, उससे पहले इसके आठ सीजन

हो चुके थे और इस प्लेटफॉर्म का आकलन नामचीन फिल्मी सितारा अर्चना पूरन सिंह, निर्माता व निर्देशक रोहित शेट्टी के साथ करती थीं। उस दौर में सुरवीन चावला अपनी एक से बढ़कर एक गुदगुदानेवाली बेहतरीन प्रस्तुतियों के लिए चर्चित थीं। इसमें एक और नाम कपिल का जुड़ गया था, जो पार्वती सहगल के साथ प्रस्तुति देते थे। 'कॉमेडी सर्कस के सुपरस्टार्स' का पावर पैक सीजन 24 अक्तूबर, 2009 को फिल्मफेयर विजेता सर्वश्रेष्ठ कॉमेडियन गोविंदा के बतौर उद्घाटन खिलाड़ी उतरने के साथ शुरू हुआ और सभी कलाकारों का इस एपिसोड में परिचय कराया गया। दुनिया के लिए यह एक और सीजन की तरह था; लेकिन कपिल के लिए यह जीवन का ऐसा मोड़ था, जहाँ से पीछे मुड़कर देखना अब संभव नहीं रह गया था।

'कॉमेडी सर्कस के सुपरस्टार्स' का पावर पैक सीजन 24 अक्तूबर, 2009 को फिल्मफेयर विजेता सर्वश्रेष्ठ कॉमेडियन गोविंदा के बतौर उद्घाटन खिलाड़ी उतरने के साथ शुरू हुआ और सभी कलाकारों का इस एपिसोड में परिचय कराया गया।

जीवन में हमेशा ऐसा दौर आता है, जहाँ आप महसूस करते हैं कि जो कुछ भी आपके साथ है, वह आपने अपने लिए कभी चाहा नहीं था। बल्कि आप यह भी महसूस करते हैं कि हो सकता है, यही आपके लिए सर्वश्रेष्ठ हो; हो सकता है कि सर्वशक्तिमान ने आपके लिए एक बेहतर योजना बना रखी हो—और इसके बाद आपके लिए हर चीज बदलती चली जाती है। शायद कपिल शर्मा के साथ जो कुछ हुआ, वह भी इसी का नतीजा था; क्योंकि उन्होंने न केवल 'कॉमेडी सर्कस के सुपरस्टार्स' में जीत दर्ज की, बल्कि इसके बाद के पाँच लगातार सीजन में भी अजेय बने रहे, जिसमें मुक्ति मोहन के साथ 'कॉमेडी सर्कस का जादू', शिखा

सिंह एवं राहुल महाजन के साथ 'जुबली कॉमेडी सर्कस', अली असगर के साथ 'कॉमेडी सर्कस के तानसेन', श्वेता तिवारी के साथ 'कॉमेडी सर्कस का नया दौर' और सुमोना चक्रवर्ती के साथ 'कहानी कॉमेडी सर्कस की' शामिल हैं।

चौंकानेवाली बात यहाँ यह है कि कपिल ने इस शो के केवल छह सीजन में हिस्सा लिया और हर बार वे विजेता बनकर ही सामने आए, और इसलिए उन्हें 'कॉमेडी किंग' कहना अतिशयोक्ति नहीं हो सकती।

जीवन में हमेशा एक ही तरीके से रहना न केवल ठहराव ला देता है, बल्कि इस छवि को दूर कर पाना भी आसान नहीं रह जाता। यह एक तय बिंदु पर जाकर न केवल उबाऊ हो जाता है, बल्कि इससे आपकी एक ऐसी छवि बन जाती है, जो आपके व्यक्तित्व से चिपक जाती है। हालाँकि, कपिल को अब भी एक ठिकाना नहीं मिला है।

जीवन में हमेशा एक ही तरीके से रहना न केवल ठहराव ला देता है, बल्कि इस छवि को दूर कर पाना भी आसान नहीं रह जाता। यह एक तय बिंदु पर जाकर न केवल उबाऊ हो जाता है, बल्कि इससे आपकी एक ऐसी छवि बन जाती है, जो आपके व्यक्तित्व से चिपक जाती है। हालाँकि, कपिल को अब भी एक ठिकाना नहीं मिला है।

उनके भीतर मौजूद निर्विवाद प्रतिभा अन्य शो चलानेवालों से ज्यादा देर तक दूर नहीं रही और इसलिए उनको बतौर एक जज, गेस्ट जज या होस्ट के तौर पर तमाम कार्यक्रमों में बुलाया जाने लगा। यह सफर शुरू हुआ 'छोटे मियाँ—जंग नन्हे हँसगुल्लों की' से, जहाँ उन्होंने जूही परमार के साथ इस शो को होस्ट किया और उस कार्यक्रम में जज बनकर आए थे राहुल महाजन एवं सचिन पिलगाँवकर। यह शो कलर्स टी.वी. पर वर्ष 2008 में इस अवधारणा पर

शुरू किया गया कि कॉमेडी सर्किल में बच्चे भी प्रतिभागी बनकर आएँ।

उसी साल कपिल ने 'लाफ्टर नाइट्स' के तौर पर प्रतिभागियों के साथ खुद को दूसरी तरफ शिफ्ट किया, जो कि 'द ग्रेट इंडियन लाफ्टर चैलेंज' का एक और उछाल था, जिसमें पिछले चार सीजन के सभी फाइनलिस्ट ने हिस्सा लिया और अपनी जीत की राह बनाने में जुट गए। यह शो स्टार वन पर एक ट्विस्ट के साथ शुरू हुआ। मंदिरा बेदी एवं नवजोत सिंह सिद्धू से लैस उनके ठहाकों व टिप्पणियों से ठहाकों को और किक मिली तथा 'लाफ्टर पंचायत' में मजेदार मामलों पर मजाकिया अंदाज में चर्चा करने का एक और एलिमेंट जुड़ा और पक्ष या विपक्ष में फैसले हँसी के शहंशाहों की तरफ से खुद दिए जाते थे।

उसी साल कपिल ने 'लाफ्टर नाइट्स' के तौर पर प्रतिभागियों के साथ खुद को दूसरी तरफ शिफ्ट किया, जो कि 'द ग्रेट इंडियन लाफ्टर चैलेंज' का एक और उछाल था, जिसमें पिछले चार सीजन के सभी फाइनलिस्ट ने हिस्सा लिया और अपनी जीत की राह बनाने में जुट गए।

हँसी से जुड़ा एक और पहलू था 'सेलिब्रिटी इंटरव्यू', जो हँसी के शहंशाहों और चुनिंदा चर्चित सेलिब्रिटीज के बीच होता था। इसमें आइडिया यह था कि बातचीत के क्रम में कुछ मजेदार चीजें रखी जाएँ और इसमें दर्शकों की भी भागीदारी हो, जहाँ दर्शकों में बैठे जाने-पहचाने लोगों से हँसी के दिग्गज भी चटखारे ले सकेंगे। इस नई चीज ने कॉमेडी की दुनिया का रुख नए खोजी विचारों की ओर कर दिया।

बहरहाल, ऐसा लगने लगा, मानो कपिल एक कभी खत्म न होनेवाली रोलरकॉस्टर पर सवार होकर डिज्नीलैंड के सफर पर हों, जो तभी पूरा होगा, जब वे किसी अन्य मोरचे पर जाने के बारे में विचार करें!

जीवन का ग्राफ ऊँचा नहीं था और उनके पास जो कुछ भी था, वे उससे संतुष्ट थे; क्योंकि वे जानते थे कि शून्य से एक जीवन को बनाने का क्या मतलब होता है, क्योंकि उन्होंने वैसा किया था।

हँसी के हथियार से लैस हँसी के बादशाहों से कदम-ताल करने से पहले कपिल ने कॉमेडी की दुनिया में सोनी टी.वी. पर 'उस्तादों के उस्ताद' कार्यक्रम का प्रतिनिधित्व किया था। एक हफ्ते के अपने अभियान में ही इस शो को खासतौर पर मनोरंजन जगत् में दुनिया के सर्वश्रेष्ठ कार्यक्रमों में शुमार कर दिया गया। इस कार्यक्रम में तमाम रियलिटी शो की शख्सियतों को आमंत्रित किया गया; जैसे—इंडियन आइडल, सा रे गा मा पा, वॉयस ऑफ इंडिया, झलक दिखला जा, नच बलिए, कॉमेडी सर्कस, लाफ्टर चैलेंज, लिटिल चैंप्स और छोटे उस्ताद। इसका उद्देश्य यह था कि मनोरंजक व्यक्तित्व के पदानुक्रम में ऊँचा स्तर बनाने के लिए प्रतिभागी होड़ में शामिल हो सकें।

हँसी के हथियार से लैस हँसी के बादशाहों से कदम-ताल करने से पहले कपिल ने कॉमेडी की दुनिया में सोनी टी.वी. पर 'उस्तादों के उस्ताद' कार्यक्रम का प्रतिनिधित्व किया था। एक हफ्ते के अपने अभियान में ही इस शो को खासतौर पर मनोरंजन जगत् में दुनिया के सर्वश्रेष्ठ कार्यक्रमों में शुमार कर दिया गया।

इस गुत्थमगुत्था में कपिल ने रऊफ लाला के साथ प्रवेश किया और हालाँकि, वे उर्वशी ढोलकिया एवं शकील सिद्दीकी की जोड़ी से कॉमेडी कैटेगरी में हार गए, लेकिन ऐसा नहीं कहा जा सकता कि वे दिलों को जीतने में कामयाब नहीं रहे। वर्ष 2009 में इस अंत के साथ 2012 के खुशहाल वर्ष तक कपिल 'कॉमेडी सर्कस' सीरीज में बतौर एक प्रतिभागी शामिल होते रहे।

जीवन के कॉमेडी प्रवाह में कपिल स्टार या रॉकस्टार कार्यक्रम में वाइल्ड कार्ड के जरिए पहुँचे, जिसमें हर प्लेबैक सिंगर को उनके पैसे के पीछे भागना था। इस शो में जज बने थे अनु मलिक एवं अलीशा चिनॉय और सटीक कौशल से लैस मोना सिंह ने इसे होस्ट किया था। इसमें सेलिब्रिटी स्टार्स को रॉकस्टार बनने के लिए होड़ करनी थी। कपिल इस शो के लिए उपयुक्त व्यक्ति थे और उन्होंने भी अपने इंट्रोडक्टरी नंबर छल्ला के साथ इस मंच पर शुरुआत की। उनकी प्रतिभा को वहाँ मौजूद सभी लोगों ने सराहा, जिसमें स्वर सम्राज्ञी लता मंगेशकर भी शामिल थीं। हालाँकि, कपिल इस रियलिटी शो में जीत नहीं पाए, लेकिन वे मानसी पारेख एवं सचिन पिलगाँवकर के साथ फाइनलिस्ट तक जरूर पहुँचे। इसके जरिए वे अपने सिंगर बनने के सपने के वास्तव में सच होने के बेहद करीब तक पहुँचे। लेकिन उनके जीवन में तमाम सटीक परतें अभी खुलनी बाकी थीं और हर बेहतरीन चीज उनके पास आनी थी।

जीवन के कॉमेडी प्रवाह में कपिल स्टार या रॉकस्टार कार्यक्रम में वाइल्ड कार्ड के जरिए पहुँचे, जिसमें हर प्लेबैक सिंगर को उनके पैसे के पीछे भागना था। इस शो में जज बने थे अनु मलिक एवं अलीशा चिनॉय और सटीक कौशल से लैस मोना सिंह ने इसे होस्ट किया था।

वर्ष 2013 में कपिल शर्मा 'झलक दिखला जा सीजन 6' में मनीष पॉल के साथ दिखे, जिसका प्रीमियर 'कलर्स' पर 1 जून को हुआ। यह पहली बार था, जब डांसिंग प्लेटफॉर्म पर थोड़ा हँसी–मजाक एवं चुटीलेपन का आइडिया आजमाया जा रहा था और इसलिए मनीष पॉल व कपिल की जोड़ी ने इस सीजन को अपनी मौजूदगी से सफल बना दिया। इससे पहले के सीजन में भारती और मनीष ने हँसी–ठहाकों से शो

को मनोरंजक बनाए रखा था; लेकिन कपिल की नई भूमिका ने इस शो को दिलचस्पी के नए आयाम तक पहुँचा दिया।

उपलब्धियों की मशाल कपिल से कभी अलग-थलग नहीं रही। उनके लिए यह एक ऐसी सीढ़ी थी, जिसमें केवल ऊपर बढ़ने का ही संकेत चिपका हुआ था। उन्होंने जीवन में कभी इतने जबरदस्त उछाल की कल्पना नहीं की थी। लेकिन कभी-कभी सफर हमारी सोच से कहीं ज्यादा खूबसूरत मिलता है और अगर आप यह जानते हों कि उस सफर के लिए आपको कैसे आभारी होना है तो हर चीज बिल्कुल बदल जाती है, वैसे ही, जैसे हमारे सुपर ह्यूमन के साथ हुआ।

□

स्टारडम और चमक

कपिल के लिए इस समय बीते कई वर्षों में हर चीज काफी अलग थी। लेकिन मेरा खयाल है कि समय हर चीज को बदल देता है। कपिल को जीवन की कठोरता बहुत पहले से पता थी। वे जानते थे कि यह सिद्धांतों के ऊँचे मानदंडों पर काम करता है, जो तीन सबकों से हर चीज पर लागू होता है—पसंद, मौका और बदलाव। आपको कोई एक चीज पसंद करनी होती है और उसे हासिल करने के लिए मौका तलाशना पड़ता है। इससे आप वे बदलाव लाते हैं, जो अपने जीवन में आप देखना चाहते हैं।

कुछ इसी तरह से वर्ष 2013 में जैसे ही कपिल ने अपने खुद के प्रोडक्शन हाउस 'के 9 प्रोडक्शंस' के बैनर तले कलर्स टी.वी. पर 22 जून, 2013 को अपना स्वतंत्र आनंद उत्सव 'कॉमेडी नाइट्स विद कपिल' शुरू किया, वैसे ही उनके लिए एक दुनिया के दरवाजे खुल गए।

यह शो कपिल की कॉमिक टाइमिंग पर विधिवत् स्थापित किया गया था; लेकिन इसने मनोरंजन उद्योग को कॉमिक सेंसिबिलिटी की दुनिया में भी आमंत्रित किया, क्योंकि सेलिब्रिटी मेहमानों को उनकी फिल्मों के प्रचार के लिए हास्य क्षमता को चरम पर ले जाने के साथ शो में आमंत्रित किया जाता था।

कपिल के लिए 'कॉमेडी नाइट्स विद कपिल' अपना घर था। भारतीय टेलीविजन पर यह पहली बार था कि कॉमेडी ने एक खास शख्स के लिए व्यक्तिगत मंच पाया।

यह ऐसा था, मानो शैली के साथ एक निजी तत्त्व जुड़ा हुआ था। हालाँकि, जिसे आपने वास्तव में अपने लिए कभी नहीं चुना था, वैसे रास्ते पर सफलता पाने में सक्षम होने पर यह हैरानी भरा लगता है। यह एक ऐसे काम की तरह था, जिसमें वह काफी बेहतर था और किसी तरह उसे सहज प्रयास के साथ पदोन्नत कर दिया गया।

स्टैंडअप कॉमेडी के सामान्य आइडिया के विपरीत 'कॉमेडी नाइट्स विद कपिल' एक स्क्रिप्टेड टी.वी. शो था, जो कि टॉक-शो के फॉर्मेट पर आधारित था, जहाँ यह हर साधारण घर के जीवन की खोज करते हुए एक आम आदमी के दैनिक जीवन का एक अलग स्वाद प्रदान करता है।

स्टैंडअप कॉमेडी के सामान्य आइडिया के विपरीत 'कॉमेडी नाइट्स विद कपिल' एक स्क्रिप्टेड टी.वी. शो था, जो कि टॉक-शो के फॉर्मेट पर आधारित था, जहाँ यह हर साधारण घर के जीवन की खोज करते हुए एक आम आदमी के दैनिक जीवन का एक अलग स्वाद प्रदान करता है।

इस शो में कपिल शर्मा बतौर 'बिट्टू शर्मा' मौजूद होते, या उनको 'बिट्टूजी' भी कहा जाता था। उनके साथ सुमोना चक्रवर्ती बतौर मंजू शर्मा बिट्टू की पत्नी होतीं; अली असगर चिंकी शर्मा, डॉली शर्मा या दादी के तौर पर; सुनील ग्रोवर गुत्थी बने, खैरातीलाल या बिट्टू के ससुर; पिंकी शर्मा के तौर पर उपासना सिंह; कीकू शारदा बतौर पलक, पंखुड़ी, लच्छा या पाम होते; चंदन प्रभाकर कभी राजू तो कभी चड्ढा अंकल बनते; परेश गनात्रा बिट्टू के साले तथा सुगंधा मिश्रा बिट्टू की साली

के तौर पर होतीं और शो के स्थायी अतिथि नवजोत सिंह सिद्धू के साथ कॉमेडी के पूरे पहलू को लाइव दर्शकों के सामने रखते।

टेलीविजन सीरीज के आइडिया ने बहुत सारी चीजें बदलीं। एक फिल्म को बनने में एक साल लग सकते हैं, जिसमें अलग-अलग लोकेशन और सेट होते हैं; लेकिन यहाँ एक ही सेट पर बार-बार लौटना, एक ही तरह का सफर और वह भी एक जैसे लोगों के साथ, यह एक तरह से परिवार के उपहार की तरह मिलता है, जिसे आप छोड़ना नहीं चाहते। कभी-कभी चीजें अव्यवस्थित हो सकती हैं, आप पर भी थपेड़े पड़ सकते हैं; लेकिन परिवार इन सबका ही तो एक स्वरूप होता है और इसी तर्ज पर सारी चीजें अगले तीन साल तक चलती रहीं और इससे भी बढ़कर, 'कॉमेडी नाइट्स विद कपिल' के लिए।

सच कहा गया है कि शांत समंदर में कोई कौशल से भरा नाविक नहीं बन सकता, क्योंकि जीवन के सफर में शानदार अनोखा व्यक्तित्व कठोरतम सीढ़ियों को चढ़कर ही हासिल किया जा सकता है और एक समय में एक कदम बढ़ानेवाला ही ऐसा कर सकता है।

सच कहा गया है कि शांत समंदर में कोई कौशल से भरा नाविक नहीं बन सकता, क्योंकि जीवन के सफर में शानदार अनोखा व्यक्तित्व कठोरतम सीढ़ियों को चढ़कर ही हासिल किया जा सकता है और एक समय में एक कदम बढ़ानेवाला ही ऐसा कर सकता है। हो सकता है कि उसका कदम सही दिशा में न पड़े, हो सकता है कि उसका फैसला सर्वश्रेष्ठ साबित न हो; लेकिन इन सबके बावजूद यह सीख तो मिलती ही है कि क्या नहीं किया जाना चाहिए! हालाँकि, सबसे बड़ा सबक तो यह भी कहा जाएगा कि किस तरह से किसी ने अपने कदम रखे, बगैर विफल हुए।

जीवन के प्रति इसी नजरिए ने कपिल के 'कॉमेडी नाइट्स विद कपिल' की कहानी को आगे बढ़ाया। लेकिन शुरुआत आसान नहीं थी। भारत के एलन डी'जेनरेस को वाकई यह नहीं पता था कि ऐसी योजना कैसे तैयार की जाए, जो हँसी-ठहाकों को एक साथ ला सके। चूँकि शो की शुरुआत ही अभी हुई थी, इसलिए प्रोडक्शन से जुड़े किसी शख्स को भी इसके बारे में वाकई कुछ अंदाजा नहीं था। तभी कपिल की मुलाकात उनके भाग्यशाली कलाकारों से हुई।

बॉलीवुड में 'यमला पगला दीवाना 2' का दौर था, जब 'कॉमेडी नाइट्स विद कपिल' का प्रोडक्शन जारी था। कपिल को शायद ही कभी अंदाजा रहा हो कि उनके शो के सबसे पहले मेहमान वे शख्स होंगे, जो उनके सफलता के इस आइडिया को सपोर्ट करेंगे और वे थे धर्मेंद्रजी। उस समय 77 साल के बुजुर्ग कलाकार ने 'कॉमेडी नाइट्स विद कपिल' के स्टेज पर अपनी गौरवमयी उपस्थिति दर्ज कराई और 'यमला पगला दीवाना 2' के प्रमोशन के लिए पहुँचे। इस फिल्म में जो भी स्टार चेहरे थे, उनको देखते हुए फिल्म को किसी तरह के प्रमोशन की जरूरत नहीं थी, फिर भी धर्मेंद्रजी ने सेट पर मिलने की सहमति दे दी थी और शायद उसी एक चीज ने इस शो को लेकर हर चीज बेहतर बना दी थी।

बॉलीवुड में 'यमला पगला दीवाना 2' का दौर था, जब 'कॉमेडी नाइट्स विद कपिल' का प्रोडक्शन जारी था। कपिल को शायद ही कभी अंदाजा रहा हो कि उनके शो के सबसे पहले मेहमान वे शख्स होंगे, जो उनके सफलता के इस आइडिया को सपोर्ट करेंगे और वे थे धर्मेंद्रजी।

स्टारडम आपकी जरूरत की हर चीज साथ नहीं लाता है। कभी-कभी यह उदार हृदय और प्रकृति देनेवाला होता है, जो सितारों की यात्रा निर्धारित करता है। यह बिल्कुल नई यात्रा को प्रज्वलित करनेवाला ईंधन

था। कपिल को नहीं पता था कि उनके भाग्य में वास्तव में क्या है; लेकिन वे अपने भाग्य को आकार देने के लिए दृढ़ थे। अन्यथा वे एक स्थिर वेतन और एक स्थिर पदोन्नति के साथ अपने लिए सही यूनिफॉर्म चुन सकते थे। फिर भी, जीवन की दो राहों में उन्होंने उस राह को चुना, जिस पर लोग सफर कम ही करते हैं और इसी ने सारा अंतर ला दिया।

कपिल के शो ने अपने लॉञ्च के ठीक बाद अपनी लय पाई और इसलिए हर दिन एक स्टारलाइट शाम की शृंखला शुरू हुई, चाहे वह सलमान खान, शाहरुख खान, दीपिका पादुकोण एवं प्रियंका चोपड़ा के रूप में प्रतिष्ठित रूप से प्रसिद्ध हो या हरभजन सिंह व सुरेश रैना से लेकर गौहर खान, एली अवराम और एवलिन शर्मा जैसे नए चेहरों तक—हर चेहरे को इस शो की गेस्ट लिस्ट में जगह मिली।

कपिल के शो ने अपने लॉञ्च के ठीक बाद अपनी लय पाई और इसलिए हर दिन एक स्टारलाइट शाम की शृंखला शुरू हुई, चाहे वह सलमान खान, शाहरुख खान, दीपिका पादुकोण एवं प्रियंका चोपड़ा के रूप में प्रतिष्ठित रूप से प्रसिद्ध हो या हरभजन सिंह व सुरेश रैना से लेकर गौहर खान, एली अवराम और एवलिन शर्मा जैसे नए चेहरों तक—हर चेहरे को इस शो की गेस्ट लिस्ट में जगह मिली। यह ऐसा था, जैसे मनोरंजन उद्योग की हर रिलीज के लिए इस रोस्ट टेबल का गेस्ट होना अनिवार्य अनुष्ठान था।

स्टैंडअप कॉमेडी की दुनिया में यह एक नया चरण था, जहाँ हर चीज का स्केच इस स्क्रिप्टेड अजूबे की तरह आ गया। यह कॉमेडी के तत्त्वों से प्रेरित एक सेलिब्रिटी टॉक शो था। टेलीकास्ट के पहले सप्ताह से ही शो का टेलीविजन व्यूवरशिप (हजारों में) यानी कि टी.वी.टी., जिसे पहले टी.आर.पी. या टेलीविजन

रेटिंग पॉइंट कहा जाता था, कलर्स पर किसी भी अन्य धारावाहिक की तरह सामान्य नहीं था। धर्मेंद्रजी के साथ शुरुआती एपिसोड में यह 6,749 के स्कोर पर था, जबकि दसवें सप्ताह में 6,988 टी.वी.टी. स्कोर के साथ ऊपर बढ़ गया था और अब इसे पीछे नहीं लौटना था। मनोरंजन के अकाल्पनिक खंड के तहत शो लगातार ऊँचाइयों को छूता रहा और दर्शकों की संख्या के मामले में शीर्ष पर बना रहा। सफर सहज था और शायद ही कोई लहर प्रवाह को बाधित कर रही थी। एक ऐसे कार्य-जीवन में लौटना हमेशा अच्छा होता है, जो आपको विकसित करता है, फलता-फूलता है और हर पल अपनी अपार क्षमता से जीता है। जीवन में एक ऐसे कोने का आदी होना हमेशा सार्थक होता है, जो बेहतरीन तरीके से सफर कर रहा हो।

25 सितंबर, 2013 को गोरेगाँव स्थित फिल्म सिटी, जिसे 'दादासाहेब फाल्के नगर' भी कहा जाता है, के 'कॉमेडी नाइट्स विद कपिल' के सेट पर आग लग गई। यह एक ऐसा झटका था, जिसके लिए कोई तैयार नहीं था और एक तरफ हम प्रवचन दे रहे होते हैं कि जीवन में ठोकर कैसे सफलता के लिए सबसे सटीक रेसिपी है।

25 सितंबर, 2013 को गोरेगाँव स्थित फिल्म सिटी, जिसे 'दादासाहेब फाल्के नगर' भी कहा जाता है, के 'कॉमेडी नाइट्स विद कपिल' के सेट पर आग लग गई। यह एक ऐसा झटका था, जिसके लिए कोई तैयार नहीं था और एक तरफ हम प्रवचन दे रहे होते हैं कि जीवन में ठोकर कैसे सफलता के लिए सबसे सटीक रेसिपी है। वापसी करना एक सफर है, जो कि वक्त के उस मोड़ से शुरू करना बहुत कठिन होता है, क्योंकि कोई भी नहीं चाहता कि आप स्वयं से खुद को खींचें। लेकिन जीवन में यह विचित्र पल होता है, जहाँ आपने पहले ही आपको पटकनेवाली ऊँची

लहरें देख रखी हों और आप नहीं जानते कि जीवन रूपी डूबते जहाज को कैसे बचाएँ!

सेट्स पर आग भड़की और यह फैलते हुए फिल्म सिटी के तमाम कोनों तक जा पहुँची। हालाँकि, इसे घंटे भर में चार फायर इंजन और चार पानी की टंकियाँ लगाकर काबू में कर लिया गया, घायलों की मदद के लिए मौके पर एंबुलेंस भी पहुँची।

सपनों की नगरी के लिए मॉनसून को कभी भी अच्छा दोस्त नहीं माना जाता, और इसलिए बताया गया कि 'कॉमेडी नाइट्स विद कपिल' के सेट पर हुई शॉर्ट सर्किट की वजह से आग फैली। इस घटना में किसी तरह की जनहानि नहीं हुई और जीवन का विचार सुरक्षित था; लेकिन शायद टीम और हर उस शख्स की मनोवैज्ञानिक मन:स्थिति प्रभावित हुई थी, जो अगले दिन काम पर आना चाहता था। अगला एपिसोड लोकप्रिय गायक सोनू निगम के साथ होना था, जिसके लिए उन्होंने ट्वीट भी किया और लिखा—"क्या आप कल्पना कर सकते हैं? मैं 'कॉमेडी नाइट्स विद कपिल' के शो के लिए तैयार हो रहा था और उसी दिन उनका सेट जलकर राख हो गया!" वे उन कुछ लोगों में थे, जिन्होंने इस खबर को खुले मंच पर रख दिया था। हालाँकि, जैसी स्थिति सामने थी, उसकी तुलना में मसला कहीं ज्यादा बड़ा था।

सेट्स पर आग भड़की और यह फैलते हुए फिल्म सिटी के तमाम कोनों तक जा पहुँची। हालाँकि, इसे घंटे भर में चार फायर इंजन और चार पानी की टंकियाँ लगाकर काबू में कर लिया गया, घायलों की मदद के लिए मौके पर एंबुलेंस भी पहुँची।

अगली शूटिंग के लिए सेट को दोबारा तैयार किया गया; लाइट, प्रॉप्स और कैमरे को फिक्स किया गया; लेकिन आग के चलते लगभग 20-22 करोड़ का नुकसान हो चुका था और इसका शो के लाभ के

पैमाने पर गहरा असर पड़ा था। फिर भी, कपिल के लिए यहाँ बड़ा सवाल यह नहीं था कि वे इस नुकसान की भरपाई कैसे करेंगे, बल्कि इससे परे, उनके लिए बड़ी चिंता यह थी कि शो के लिए कोई अन्य वैकल्पिक सेट न होने की वजह से वे दर्शकों का मनोरंजन कैसे करेंगे? ऐसे मौके पर 'परिवार से दूर परिवार' की अवधारणा जीवंत हो उठी।

मनोरंजन उद्योग को हमेशा से एक ऐसी छतरी के तौर पर जाना जाता रहा है, जिसने लाखों लोगों के सपनों को पनाह दे रखी है, साथ ही जरूरत की घड़ी में यह आपको सुरक्षित छाँव भी प्रदान करता है, क्योंकि कपिल के साथ बिल्कुल ऐसा ही हुआ था।

मनोरंजन उद्योग को हमेशा से एक ऐसी छतरी के तौर पर जाना जाता रहा है, जिसने लाखों लोगों के सपनों को पनाह दे रखी है, साथ ही जरूरत की घड़ी में यह आपको सुरक्षित छाँव भी प्रदान करता है, क्योंकि कपिल के साथ बिल्कुल ऐसा ही हुआ था।

"...उन्होंने मुझसे पूछा कि क्या मुझे किसी तरह की मदद की जरूरत है, चाहे वह पैसे से हो या किसी और चीज से? उन्होंने मुझसे पूछा कि मैं आपके लिए क्या कर सकती हूँ...उनका फोन आना एक बड़ी बात थी।" सुप्रसिद्ध गायिका लता मंगेशकरजी की कही ये लाइनें कपिल ने न्यूज एजेंसी 'प्रेस ट्रस्ट ऑफ इंडिया' के एक इंटरव्यू में बताईं; और यह तो उन मददगारों की सूची की महज एक शुरुआत थी।

शाहरुख खान और रोहित शेट्टी ऐसे अंधकार भरे समय में कपिल की मदद के लिए आगे आए। दरअसल, कुछ इंटरव्यू में कपिल ने उन दोनों की बातों का जिक्र करते हुए कहा, "हम तुम्हारे साथ हैं, बताओ, कितने दिन में सेट खड़ा करना है?" यही वह मुकाम था, जब कपिल ने महसूस किया कि उन्होंने इस दुनिया में एक ऐसी बड़ी छाप छोड़ी है

कि वे जिन लोगों को जानते हैं और जिन्हें नहीं जानते, उनसे स्नेह पाया जा सके और वे कपिल को पसंद कर सकें। हो सकता है कि जीवन इसी का नाम हो, बड़ी संख्या में लोगों को बगैर छुए आपको उनकी नजदीकी हासिल हो जाए! कर्मों का फल यही होता है, और यह कपिल को बिल्कुल सटीक तौर पर वापस हासिल हुआ।

इसके बाद, इंडस्ट्री में पूरी रिसर्च के बाद 'कॉमेडी नाइट्स विद कपिल' की टीम ने लोनावला में 'बिग बॉस' के सेट के नजदीक अगले दो एपिसोड्स की शूटिंग की और किसी तरह से पुरानी घटनाओं से उबरकर आगे बढ़ना शुरू किया।

इसके बाद, इंडस्ट्री में पूरी रिसर्च के बाद 'कॉमेडी नाइट्स विद कपिल' की टीम ने लोनावला में 'बिग बॉस' के सेट के नजदीक अगले दो एपिसोड्स की शूटिंग की और किसी तरह से पुरानी घटनाओं से उबरकर आगे बढ़ना शुरू किया।

अपनी शुरुआत के तीन साल तक 'कॉमेडी नाइट्स विद कपिल' ने लाखों मजाकिया लमहे और चुटकुले दुनिया के सामने रखे, जिसमें इस शो से निकली सिग्नेचर लाइन 'बाबाजी का ठुल्लू', यानी कि 'खाली हाथ' भी चर्चित हुआ। यह सिग्नेचर लाइन एक अभ्यास के दौरान चर्चा में आया, जहाँ सुमोना चक्रवर्ती या बिट्टू की पत्नी को बोलना होता है, 'आप उल्लू हो, उल्लू।' इसकी जगह वह बोल पड़ती है, 'आप उल्लू हो, ठुल्लू।' और यहीं पर इस अर्धवाक्य का जन्म होता है, जो पूरे देश में बच्चों व किशोरों की जबान पर चढ़ जाता है और हर कोई इस लाइन को बोलना शुरू कर देता है।

एक और खास चीज, जिसे यादों से दूर नहीं किया जा सकता है, वे गुत्थी और पलक थे, जिन्होंने टेलीविजन पर ऐसा हास्य इतिहास ही रच दिया कि हास्य से भरे-पूरे टेलीविजन सीरीज के इस स्क्रिप्टेड रियलिटी

शो में सबसे ज्यादा उन दोनों ने ही लुत्फ उठाया।

गुत्थी एवं पलक, यानी सुनील ग्रोवर और कीकू शारदा का गिद्दा का आइडिया और कॉमेडी का फ्रीस्टाइल मिक्सअप फ्लोर पर कुछ ऐसा होता, जिसे निर्विवाद रूप से सटीक मेल कहा जा सकता है। उनके पंजाबी सलवार-कमीज के ढिंचैक रंग स्पोर्ट्स शूज के साथ खूब फबते और इसी वजह से वह दर्शकों की पसंदीदा जोड़ी बनी रही। निश्चित रूप से, उनके लिए जो परिचय की पटकथा लिखी गई थी, वह वायरल हो गई और इस जोड़ी को 'गुत्थी-पलक', 'पलक-गुत्थी', 'गुत्थी-पलक-बिट्टू' आदि नामों से जाना जाने लगा। यह इस शो का एक ऐसा एलिमेंट था, जिसने मनोरंजन की उपलब्धि को कभी नहीं छोड़ा। बिट्टू शर्मा के प्रति 'नफरत' और 'मेरे हाथ से बात करो' वाली लाइन का सामान्य इस्तेमाल हास्य के कुछ ऐसे तत्त्व थे, जो मीम की दुनिया के लिए भी सटीक थे और जमकर चले भी।

गुत्थी एवं पलक, यानी सुनील ग्रोवर और कीकू शारदा का गिद्दा का आइडिया और कॉमेडी का फ्रीस्टाइल मिक्सअप फ्लोर पर कुछ ऐसा होता, जिसे निर्विवाद रूप से सटीक मेल कहा जा सकता है। उनके पंजाबी सलवार-कमीज के ढिंचैक रंग स्पोर्ट्स शूज के साथ खूब फबते और इसी वजह से वह दर्शकों की पसंदीदा जोड़ी बनी रही।

इसके साथ-साथ दादी का बेटे बिट्टू के लिए जब-तब यह कहना, 'इत्तू सा था तू' का तो लाखों सेलिब्रिटीज ने सेट पर खूब आनंद लिया और उन्हें दादी की अकथित नजदीकी का भी आनंद मिला। इसके साथ-साथ 'लुकिंग फॉर ए मैच बुआजी' और मंच पर आनेवाले हर नए शख्स के लिए इस अर्धवाक्य 'कौन हैं यह आदमी' के प्रयोग के साथ मासूमियत भरी एक्टिंग लोगों को लोट-पोट कर देती थी। हर किरदार

सटीक टाइमिंग के साथ अपनी भूमिका निभाता था, क्योंकि आप 'बड़े होंठों वाली बीवी', जिसकी भूमिका सुमोना चक्रवर्ती ने निभाई थी, को नजरअंदाज नहीं कर सकते, जो मंच पर अपने पति बिट्टू शर्मा के साथ प्यार-नफरत वाले संबंधों को साझा करती है।

साथ-साथ इस हास्य के वरदान ने पूरे देश की टेलीविजन स्क्रीन को जीवंत कर दिया और दिन-प्रतिदिन यह दौर बढ़ने लगा, क्योंकि कपिल शर्मा ने लोगों के दिलों की गहराई से हँसी-ठहाकों को जिंदा कर दिया। यह कुछ ऐसा था, जिसे डॉक्टर भी नहीं कर सकते और इसलिए कपिल के लिए ऊपर की ओर चढ़ाई कभी खत्म नहीं हुई।

> ***वर्ष 2015 में कपिल ने एक असंभव-से काम को सच कर दिखाया। उनकी पहली फिल्म अब्बास मस्तान के साथ 'किस किसको प्यार करूँ' की शूटिंग पूरी हुई थी। यह फिल्म दो महीने में पूरी की गई और इसके लिए लगभग 14 घंटे रोज प्रोडक्शन पर काम होता और शायद इस चीज ने कपिल के लिए सबकुछ बदलकर रख दिया।***

वर्ष 2015 में कपिल ने एक असंभव-से काम को सच कर दिखाया। उनकी पहली फिल्म अब्बास मस्तान के साथ 'किस किसको प्यार करूँ' की शूटिंग पूरी हुई थी। यह फिल्म दो महीने में पूरी की गई और इसके लिए लगभग 14 घंटे रोज प्रोडक्शन पर काम होता और शायद इस चीज ने कपिल के लिए सबकुछ बदलकर रख दिया। एक तरफ उनका कॅरियर ऊँचाई पर था, वहीं शेड्यूल की बाजीगरी से उनके ऊपर भी असर पड़ा।

कपिल चाहते थे कि उनका शो हफ्ते में दो दिन की बजाय एक ही दिन प्रसारित हो, ताकि उनको अपनी पहली फिल्म पर काम करने का कुछ और समय मिल जाए। वे कंटेंट की क्वालिटी से भी समझौता नहीं

करना चाहते थे, इसलिए उन्होंने 'कलर्स' से उनकी लाभ दरों पर फिर से विचार करने के लिए कहा। लेकिन चैनल ने उनके आइडिया का विरोध किया। हालाँकि, काफी प्रयास के बाद जनवरी 2015 से उनका शो हफ्ते में एक बार प्रसारित होने लगा।

इस बिंदु पर 'के 9 प्रोडक्शंस' और 'कलर्स' के बीच विवाद गहराने लगे। चैनल ने एक अन्य कॉमेडी शो को बैकअप के तौर पर तलाशना शुरू किया, जो हर शनिवार को प्रसारित किया जाता, बजाय कि कपिल के शो के पुनः प्रसारण के। इसलिए उन्होंने विकल्प के तौर पर 'ऑप्टिमिस्टिक्स एंटरटेनमेंट' से संपर्क साधा।

> ***इस बिंदु पर 'के 9 प्रोडक्शंस' और 'कलर्स' के बीच विवाद गहराने लगे। चैनल ने एक अन्य कॉमेडी शो को बैकअप के तौर पर तलाशना शुरू किया, जो हर शनिवार को प्रसारित किया जाता, बजाय कि कपिल के शो के पुनः प्रसारण के।***

इसके साथ ही, वे यह भी नहीं चाहते थे कि कपिल अपने शो से ब्रेक ले लें, बल्कि वे चाहते थे कि कपिल नया सीजन शुरू करें। लेकिन अपनी पहली फिल्म और कॉमेडी शो के शेड्यूल के बीच उलझे कपिल के लिए यह संभव नहीं था और उनको कमर दर्द की शिकायत शुरू हो गई, जो बाद में स्लिप डिस्क के तौर पर सामने आई। अब कपिल को एक बुद्धिमानी भरा फैसला लेना था। उन्होंने सेट्स पर अपनी तरफ से बेहतर कल बनाने का सर्वश्रेष्ठ प्रयास किया। इसके लिए उन्होंने नए लेखकों को रखा और नए किरदारों को जोड़ा। लेकिन कभी-कभी ऊँची लहरों में जहाज को आगे बढ़ाने के लिए आपसे आपकी क्षमता से बहुत ज्यादा अपेक्षा की जाती है।

धीरे-धीरे 'कलर्स' ने शनिवार को एक नया कार्यक्रम 'कॉमेडी नाइट्स बचाओ' शुरू किया, जिसमें कृष्णा अभिषेक, सुदेश लहरी,

भारती सिंह, मुबीन सौदागर, अनिता हसनंदानी, करण वाही, पूजा बनर्जी, श्रुति सेठ, शकील सिद्दीकी, अदा खान, नसीम विक्की, प्रीतम सिंह और सारा खान शामिल थे। हालाँकि, उस शो को लेकर किसी तरह की गलत मंशा नहीं थी, फिर भी 'कॉमेडी नाइट्स विद कपिल' की तर्ज पर शुरू किए गए शो से दर्शकों की संख्या में विभाजन होने लगा। इस चीज ने शुरू में प्रोड्यूसर्स को प्रभावित नहीं किया, लेकिन 'कॉमेडी नाइट्स विद कपिल' के साथ सौतेला व्यवहार होता देख उनसे रहा नहीं गया।

चैनल ने 'कॉमेडी नाइट्स विद कपिल' से संबंधित कंटेंट को अपने यू-ट्यूब या किसी अन्य सोशल मीडिया प्लेटफॉर्म पर अपलोड करना बंद कर दिया, जिससे उस शो के प्रोमो दर्शकों तक नहीं पहुँच पा रहे थे और 'कॉमेडी नाइट्स बचाओ' ने 'कॉमेडी नाइट्स' के नाम से अपनी पकड़ बना ली। इससे यह भी संदेश गया कि दोनों शो एक जैसे ही हैं, क्योंकि एक ही चैनल दोनों को प्रमोट कर रहा था।

चैनल ने 'कॉमेडी नाइट्स विद कपिल' से संबंधित कंटेंट को अपने यू-ट्यूब या किसी अन्य सोशल मीडिया प्लेटफॉर्म पर अपलोड करना बंद कर दिया, जिससे उस शो के प्रोमो दर्शकों तक नहीं पहुँच पा रहे थे और 'कॉमेडी नाइट्स बचाओ' ने 'कॉमेडी नाइट्स' के नाम से अपनी पकड़ बना ली।

उसी दौरान 'के 9 प्रोडक्शंस' सहित एस.ओ.एल. प्रोडक्शंस एवं फ्रेम्स प्रोडक्शन कंपनी ने शो को बंद करने का फैसला किया और दिसंबर 2015 में इसका आखिरी शो करने का फैसला किया। गंभीर अनुग्रह के बाद शो को अंततः 17 जनवरी को बंद करने का फैसला हुआ। लेकिन अंततः 24 जनवरी को 'कॉमेडी नाइट्स विद कपिल' के आखिरी एपिसोड का प्रसारण हुआ।

इसने न केवल एक अच्छी चीज के अनुबंध को चिह्नित किया, बल्कि एक नए परिप्रेक्ष्य के साथ एक नए दिन की शुरुआत भी की। कभी-कभी जब कोई एक मजबूत पहचान और एक नाजुक दिल के बीच फँस जाता है तो निर्णय कठिन हो जाते हैं। नए सिरे से यह फिर से जाग्रत् विचार एक काम था, फिर भी यह सभी के लिए सही था और इसलिए कहानी का नायक यहाँ से अपनी नई यात्रा की तलाश करता है।

जीवन का नया अध्याय हमेशा अपेक्षा करता है कि पुराने शब्दांश उन वाक्यों से हट जाएँ, जो उनका वर्णन करते हैं, ताकि हमारे अंदर से एक नया हिस्सा उभरे। और यही चीज अंतर पैदा करती है।

□

द कपिल शर्मा शो

'कॉमेडी नाइट्स विद कपिल' ने वर्ष 2016 में कलर्स पर अपनी पारी को विराम दिया। एक तरफ जहाँ कपिल ने खुले में अपने शो के बंद होने के बारे में बयान दिया, वहीं चैनल की तरफ से मीडिया में किसी भी तरह का बयान जारी नहीं किया गया। चैनल के मुख्य कार्यकारी अधिकारी ने एक दिन कहा कि कैसे कपिल और कलर्स एसोसिएशन वास्तव में कभी भी एक-दूसरे को रोककर नहीं रख सकते हैं, क्योंकि कलर्स को स्टार कॉमेडियन से कोई शिकायत नहीं है। हालाँकि, इस कथन में वास्तविकता का स्तर कभी भी चर्चा के लिए खुला नहीं था, क्योंकि कभी-कभी आगे बढ़ना सबसे अच्छा उपहार होता है, जो कोई अपने आप को दे सकता है। यह आपको सबसे त्रुटिहीन तरीके से मुक्त करता है; क्योंकि अंत में, आपकी शांति सबसे ज्यादा मायने रखती है।

उसी दौरान कपिल शर्मा ने सोनी एंटरटेनमेंट टेलीविजन पर अपनी प्रतिभा के लिए एक नया आयाम पाया और इसे 'द कपिल शर्मा शो' कहा गया।

इस शो का प्रीमियर 23 अप्रैल, 2016 को किया गया, यानी कि 'कॉमेडी नाइट्स विद कपिल' के आखिरी शो के ऑन एयर होने के लगभग तीन महीने बाद। नए शो का फिल्मांकन गोरेगाँव ईस्ट में स्थित फिल्म सिटी में 'के 9 फिल्म्स' एवं 'फ्रेम्स प्रोडक्शन' के बैनर तले शुरू हो गया।

यह नई सीरीज एक नई फ्रेम लाइन व बैकग्राउंड प्लॉट के साथ आई, क्योंकि नई शुरुआत निश्चित रूप से ताजा और अचंभित करनेवाली होती है। कपिल शर्मा अब तक तमाम तरह के आरोपों और विवादों से परे रहे थे, जो उन्हें कयामत के बादलों की तरह घेरने की कोशिश कर रहे थे। लेकिन जब योजनाओं की बात आई और यह भी कि ये योजनाएँ अच्छे लोगों के जीवन के इर्द-गिर्द की योजनाएँ थीं तो ईश्वर ने भी हर चीज का बेहतरीन वर्जन सामने रख दिया। नई शुरुआत के बारे में निश्चित रूप से कुछ खास चीजें होती हैं। चाहे वह किताब का पहला पेज हो या नौकरी का पहला दिन, हमारे हाथों में फिर से जगनेवाली आशा और घबराहट पूरी तरह से आनंदमय होती है। शुरुआत को लेकर हर चीज पसंद आती है, क्योंकि हम जानते हैं कि तमाम अन्य चीजें भी सामने आने वाली हैं और एक उम्मीद होती है, जो हमें और कठोर मेहनत करने के लिए प्रेरित करती है; जबकि सामान्यतया हम वैसा नहीं करते। इसलिए, समय के साथ कपिल ने पुराने समापनों पर आँखें बंद कर लीं और नई शुरुआत की ओर देखना शुरू किया। इस तरह 'द कपिल शर्मा शो' ने आकार लिया।

यह नई सीरीज एक नई फ्रेम लाइन व बैकग्राउंड प्लॉट के साथ आई, क्योंकि नई शुरुआत निश्चित रूप से ताजा और अचंभित करनेवाली होती है। कपिल शर्मा अब तक तमाम तरह के आरोपों और विवादों से परे रहे थे, जो उन्हें कयामत के बादलों की तरह घेरने की कोशिश कर रहे थे।

शांतिनिकेतन नॉन-कोऑपरेटिव हाउसिंग सोसाइटी में रहनेवाले कपिल शर्मा और उनके पड़ोसियों के साथ-साथ इस सीरीज ने अपनी दिशा तय कर ली। पटकथा को अमूमन दो हिस्सों में बाँटा गया, जहाँ शुरुआती एपिसोड को ऑनस्क्रीन शर्मा फैमिली के एक कॉमिक स्किट

के साथ टेलीकास्ट किया जाता; जबकि दूसरा हिस्सा हँसी-मजाक से भरपूर होता, जिसमें तमाम सेलिब्रिटीज अपनी फिल्मों, शॉर्ट फिल्मों, गानों, रियलिटी शोज आदि के प्रमोशन के लिए सेट पर पहुँचते थे।

नई चमक के साथ शुरू हुए इस सीजन में हर भूमिका का पूरी तरह से अलग साइड ही था, जिसमें कपिल शर्मा भी शामिल थे, जो 'चापू शर्मा', 'इंस्पेक्टर शमशेर सिंह', 'राजेश अरोड़ा', 'गापू', 'टापू' और खुद की भूमिकाएँ निभाते थे। आगे चलकर उनको सुनील ग्रोवर का साथ मिला, जो बतौर 'डॉ. मशूर गुलाटी', 'रिंकू देवी' और 'पिद्धू' बनते थे; अली असगर 'नानी' और 'बेगम लच्छी'; कीकू शारदा अपने आप में शानदार थे और 'बंपर' व 'लॉटरी' बनते थे, यानी कि 50-50 अस्पताल की नर्स बनते, 'संतोष' यानी रिंकू देवी उर्फ सुनील ग्रोवर की ननद, 'इंस्पेक्टर दामोदर ईश्वरलाल गायतोंडे', 'बच्चा यादव' यानी दूधवाले और उनके जुड़वाँ भाई 'कच्छा यादव' बनते; भारती सिंह 'बबली मासी' और 'लल्ली' के रोल में अपनी हाजिर-जवाबी दिखातीं; चंदन प्रभाकर 'चंदू' बनते, दुबई टी स्टॉल के सी.ई.ओ. बनते, 'सरला गुलाटी' सुमोना चक्रवर्ती बनतीं, जो कि डॉ. मशूर गुलाटी की बेटी का रोल निभातीं और कप्पू के बचपन के दोस्त बनते; रॉशेल राव 'लॉटरी अकेला'—जो कि 50-50 अस्पताल में नर्स के सहयोगी होते। इसके अलावा, सुगंधा मिश्रा 'टीचर विद्यावती' बनतीं। एक और चीज, जो हम बिल्कुल नहीं भूल सकते, वे शो के स्थायी मेहमान नवजोत सिंह सिद्धू थे, जो 'ठोको ताली' की टैगलाइन के

नई चमक के साथ शुरू हुए इस सीजन में हर भूमिका का पूरी तरह से अलग साइड ही था, जिसमें कपिल शर्मा भी शामिल थे, जो 'चापू शर्मा', 'इंस्पेक्टर शमशेर सिंह', 'राजेश अरोड़ा', 'गापू', 'टापू' और खुद की भूमिकाएँ निभाते थे।

साथ वहाँ मौजूद रहते। हालाँकि, हैरानी इस बात की है कि शो के पहले सीजन के लिए इन सभी किरदारों को बहुत खास तरीके से उभारा गया था और इसी बात ने कलाकारों को यादगार बना दिया।

सराहना के इन सुरों में एक चीज, जो वाकई उल्लेखनीय थी, वह यह कि 'द कपिल शर्मा शो' में कोई भी पात्र दूर-दूर तक कपिल शर्मा के पुराने शो से मेल नहीं खाता था। इस चीज ने शो को एक अनिवार्य नया मेल दे दिया।

कपिल के लिए यह महज एक और शो नहीं था, बल्कि उनकी शुरुआत से यह कहीं ज्यादा जुड़ा हुआ था। अहम बात यह कि इस शो का नाम पहले 'कॉमेडी स्टाइल' रखा जाना था; लेकिन कड़ी मेहनत करनेवाली मार्केट रिसर्च टीम ने यह पाया कि लोग कपिल शर्मा का एक्सक्लूसिव नाम जरूर उस शो से जुड़ते देखना चाहते हैं और इस तरह उन्होंने नए टाइटल 'द कपिल शर्मा शो' का 1 मार्च, 2016 को एक प्रेस कॉन्फ्रेंस में ऐलान कर दिया। उसी दिन पहली बार कपिल शर्मा और उनकी टीम ने दिल्ली में लाइव ऑडियंस शो किया, जहाँ सोनी एंटरटेनमेंट टेलीविजन ने 'कपिल से मिल' कॉण्टेस्ट की घोषणा की थी और इसने उस शो को अतिरिक्त बढ़त दिला दी; क्योंकि लोग कपिल शर्मा से मिलने और उन्हें शुभकामनाएँ देने के लिए दौड़ पड़े और इस तरह से यह वायरल मार्केटिंग रणनीति बन गई।

सराहना के इन सुरों में एक चीज, जो वाकई उल्लेखनीय थी, वह यह कि 'द कपिल शर्मा शो' में कोई भी पात्र दूर-दूर तक कपिल शर्मा के पुराने शो से मेल नहीं खाता था। इस चीज ने शो को एक अनिवार्य नया मेल दे दिया।

शो के प्रीमियर वाली रात इसकी लोकप्रियता का अंदाजा इसी

बात से लगाया जा सकता है कि शो के ऑन एयर होने के बाद 8,943 प्रतिक्रियाएँ आईं और यह सब इसलिए हो सका, क्योंकि परदे के पीछे ढेर सारी कसरत की गई थी, जिसका लोगों को आभास तक नहीं था। ये ऐसे राज थे, जो उस स्पेक्ट्रम में कभी बताए नहीं जाते।

'द कपिल शर्मा शो' को अपनी अनोखी प्रकृति एवं स्वतःस्फूर्त चारित्रिक प्रस्तुतियों और उससे भी बड़ी हैरानी वाली चीज टीम के लेखक हैं, जो शो के पीछे ढेर सारी चुटीली चीजें इकट्ठी करने में लगे रहते हैं, जो वास्तव में हँसी-ठहाकों को सहज तौर पर विशालता प्रदान कर देते हैं। पंचलाइनों की तर्ज पर एक निरंतर कथानक में शब्दों को पिरोने का विचार और एक एकालाप, जो हँसी का विस्फोट करा दे, यह न केवल चुनौतीपूर्ण होता है, बल्कि अन्य स्तर के लिए तारीफ के काबिल भी है; क्योंकि जब कहानी का अभिनय कलाकार द्वारा उपयुक्त रूप से किया जाता है, तब मंच और परदे के पीछे की पटकथा ही शो के साथ निर्विवाद ठहाकों के विचारों को जन्म देती है। अतः परदे के पीछे के लोग, जिनमें प्रदीप चतुर्वेदी, विवेक, लखबीर लहरी, वांकुश अरोड़ा, दिनेश ब्रिगेडियर, अनुकल्प गोस्वामी, महेश भल्ला और विवान सिंघानिया जैसे लोग हैं, जिन्हें मंच के कलाकारों के साथ बराबर का श्रेय देने की जरूरत है।

'द कपिल शर्मा शो' को अपनी अनोखी प्रकृति एवं स्वतःस्फूर्त चारित्रिक प्रस्तुतियों और उससे भी बड़ी हैरानी वाली चीज टीम के लेखक हैं, जो शो के पीछे ढेर सारी चुटीली चीजें इकट्ठी करने में लगे रहते हैं, जो वास्तव में हँसी-ठहाकों को सहज तौर पर विशालता प्रदान कर देते हैं।

एक तरफ, जहाँ शो स्वाभाविक तौर पर पटकथा पर आधारित होता है, वहीं इसके बाकायदा रिहर्सल की भी जरूरत होती है, खासतौर पर

वैनिटी वैन में, जहाँ सभी हास्य कलाकार एक साथ बैठकर स्टेज पर जाने से पहले स्टेज जैसा ही अभिनय का अभ्यास करते हैं और जरा सा राज खोलें तो पूरी प्रस्तुति में यह पाया गया है कि कीकू शारदा और कपिल शर्मा अपनी-अपनी लाइनों को अच्छी तरह से याद रखने में ज्यादा सक्षम नजर आते हैं; जबकि सुमोना चक्रवर्ती, भारती सिंह और चंदन प्रभाकर को किसी एपिसोड को शूट करते समय अकसर प्रॉम्प्ट्स की जरूरत पड़ती है। दरअसल, अगर तमाम गोपनीय चीजों की बात करें तो नवजोत सिंह सिद्धू को भी कभी-कभी अपनी लाइनें पढ़नी पड़ती हैं। इसके लिए उनकी टेबल पर अकसर एक टैबलॉयड रखा रहता है, जिससे उनको एपिसोड में शायरी के जरिए अपनी बात को पुख्ता तरीके से रखने में मदद मिलती है।

> ***अपनी सफलता के एक लंबे दौर के बाद कपिल अंततः अपने जीवन में संतुष्टि के स्तर पर पहुँच चुके हैं और इसलिए सेट पर अपनी एकमात्र प्रेरणा के साथ आगे बढ़ने पर हर दिन टीम के सभी सदस्य उन्हें सम्मान की नजर से देखते हैं।***

अपनी सफलता के एक लंबे दौर के बाद कपिल अंततः अपने जीवन में संतुष्टि के स्तर पर पहुँच चुके हैं और इसलिए सेट पर अपनी एकमात्र प्रेरणा के साथ आगे बढ़ने पर हर दिन टीम के सभी सदस्य उन्हें सम्मान की नजर से देखते हैं। इसीलिए कपिल की माँ ने भी उनके शो के दौरान सबसे आगे की सीट पर बैठना पसंद किया, ताकि न केवल कपिल बेहतर प्रदर्शन करने के लिए प्रेरित हो सकें, बल्कि जीवन में हर पल अपने सर्वश्रेष्ठ स्तर पर रहने का आशीर्वाद भी दे सकें। यह संभव है कि जीवन में माता-पिता का यही प्रभाव होता हो। वे वास्तव में हमेशा आपके साथ रहते हैं, आपका समय चाहे जैसा भी हो।

भारतीय अभिभावकों को अमूमन निष्कर्ष-उन्मुख माना जाता है,

जो लोगों के कहने-सुनने पर अपने फैसले ज्यादा केंद्रित रखते हैं। उनके मन में रहता है—लोग क्या कहेंगे? कपिल की माँ ने कभी भी उनको इस दायरे में नहीं परखा या इस लोकोक्ति पर कभी विश्वास ही नहीं किया और कभी भी किसी काम के अवसर को सम्मानजनक या असम्मान के चश्मे से नहीं देखा। शायद इसीलिए कपिल के मन में भी रोजी-रोटी से जुड़े हर काम का सम्मान बढ़ता चला गया। अभिभावकत्व का आइडिया असल मायने तभी रखता है, जब एक शख्स इस बात को अच्छी तरह से समझे कि उसे (माँ या पिता को) किस हद पर जाकर डिसीजन मेकर की भूमिका को विराम देना है; क्योंकि अंततोगत्वा हर बच्चे के पास अपने संघर्षों की सूची होती है और उससे भी बढ़कर, उनके (लड़का या लड़की) पास अपनी उपलब्धियों से जुड़ी और ज्यादा सटीक सूची होती है; क्योंकि अंतर्ज्ञान और राय का आइडिया कभी भी पीछे नहीं रहता। हालाँकि, ध्यान रखनेवाली बात यह है कि जिस चीज में आपका भरोसा हो, उसे थोपने की कोशिश बिल्कुल नहीं होनी चाहिए। बच्चे को अपने लिए सर्वश्रेष्ठ विकल्प चुनने की आजादी देनी चाहिए। और इसी बात ने कपिल पुंज को स्टार कॉमेडियन कपिल शर्मा बनाया।

अपने पूरे सफर के दौरान कपिल शर्मा शो का अनोखा आइडिया काफी अच्छी तरह दौड़ा और इसलिए हर दूसरा पहलू हर किसी की कल्पना से हैरतअंगेज रूप से बिल्कुल अलग होता था। लाइव ऑडियंस से जुड़ने के बाद कपिल ने दर्शकों और अपने बीच के फासले को बेहद घटा भी लिया और एपिसोड की शूटिंग के दौरान वे उन पर सवाल भी दागते थे।

अपने पूरे सफर के दौरान कपिल शर्मा शो का अनोखा आइडिया काफी अच्छी तरह दौड़ा और इसलिए हर दूसरा पहलू हर किसी की

कल्पना से हैरतअंगेज रूप से बिल्कुल अलग होता था। लाइव ऑडियंस से जुड़ने के बाद कपिल ने दर्शकों और अपने बीच के फासले को बेहद घटा भी लिया और एपिसोड की शूटिंग के दौरान वे उन पर सवाल भी दागते थे। जवाब देनेवाले दर्शकों को चुनने का आधार भी उनके दिलचस्प जवाब होते थे और उन्हें शूट के दौरान दोबारा तथा बेहतर तरीके से सामने लाया जाता था। इस तरह, हालाँकि सवाल पटकथा पर आधारित होते थे, लेकिन जवाब के मामले में ऐसा नहीं कहा जा सकता है, न तो कपिल, जो चुटीला हास्य लेकर आते थे, के लिए ही कोई पटकथा हो सकती है।

> ***कपिल अपनी विनम्रता और सिर पर प्रभामंडल के लिए जाने जाते हैं। दरअसल, इस पर गौर किया जा सकता है कि कपिल कभी भी लोगों से दुर्व्यवहार नहीं करते, जैसाकि तमाम खबरों में उनके बारे में अफवाहें आती रहती हैं।***

कपिल अपनी विनम्रता और सिर पर प्रभामंडल के लिए जाने जाते हैं। दरअसल, इस पर गौर किया जा सकता है कि कपिल कभी भी लोगों से दुर्व्यवहार नहीं करते, जैसाकि तमाम खबरों में उनके बारे में अफवाहें आती रहती हैं। इसे उन आगंतुक दर्शकों की प्रतिक्रिया से भी आँका जा सकता है, जो उस सेटअप में सहज रहते हैं, जिसमें वे तब एक खाली जगह को भरते हैं, जब सेलिब्रिटी गेस्ट या तो गैर-हाजिर हो जाते हैं या उनके मंच पर पहुँचने में देर होती है। यहाँ तक कि वे शूटिंग के दौरान दर्शक को पेश आई समस्या के संबंध में सीधे बात करते हैं। ईमानदारी से किसी अन्य पेशेवर की ही तरह कपिल अपने साथ काम करनेवाली टीम को सँभालते हैं; लेकिन यह चीज कपिल से जुड़ी हर बात का प्रतिनिधित्व नहीं कर सकती, क्योंकि वे जमीनी हकीकत से पूरी तरह वाकिफ नहीं हो पाते हैं। हालाँकि, साथी सदस्यों के पास बेहद कठिन काम होता है, सात

से आठ घंटे में किसी शूट को पूरा करना, लेकिन लोगों की यह प्रवृत्ति होती है कि वे कपिल के अपनी टीम के साथ व्यवहार को अलग तरह से देखते हैं और उनके चरित्र को लेकर तमाम तरह की राय बनाने लगते हैं, जो पूरे स्पेक्ट्रम में देखने पर अतार्किक लगता है।

□

एक त्वरित टिप्पणी पर

सुशांत सिंह राजपूत, श्रद्धा कपूर, वरुण शर्मा, नवीन पॉलिशेट्टी, तुषार पांडे, सहर्ष शुक्ला और भारतीय फिल्मों के प्रतिष्ठित निर्देशक नीतेश तिवारी अपनी फिल्म 'छिछोरे' के प्रमोशन के लिए आए थे। उस शो में उत्साही दर्शकों की मौजूदगी ने ऐसा समाँ बाँध दिया था, जिसमें आप कहीं से भी कमी नहीं निकाल सकते थे।

देखने में यह एकपक्षीय लग सकता है, जबकि वास्तव में ऐसा है नहीं। दर्शकों की अंतर्दृष्टि से मुझे यह व्यक्तिगत अनुभव हुआ कि 'द कपिल शर्मा शो' के एपिसोड 201 में, जिसमें तमाम सेलिब्रिटी गेस्ट शामिल हुए थे, जैसेकि सुशांत सिंह राजपूत, श्रद्धा कपूर, वरुण शर्मा, नवीन पॉलिशेट्टी, तुषार पांडे, सहर्ष शुक्ला और भारतीय फिल्मों के प्रतिष्ठित निर्देशक नीतेश तिवारी अपनी फिल्म 'छिछोरे' के प्रमोशन के लिए आए थे। उस शो में उत्साही दर्शकों की मौजूदगी ने ऐसा समाँ बाँध दिया था, जिसमें आप कहीं से भी कमी नहीं निकाल सकते थे। और तो और, इस शो को टी.वी. पर देखना उतना मजेदार नहीं लग रहा था।

'द कपिल शर्मा शो' में शामिल होने के लिए अलग तरह का दर्शक होना आसान नहीं है। वास्तव में, इस शो के दर्शकों के लिए बड़ी बात यह है कि उनके पक्ष में क्या रहता है? क्योंकि इस शो में शामिल होना निमंत्रण पर आधारित एंट्री सिस्टम के जरिए होता है, जो किसी भी तरह

आपकी एंट्री की गारंटी नहीं है; क्योंकि यहाँ 'पहले आओ, पहले पाओ' के आधार पर सबकुछ होता है, जिसमें किसी तरह से कुछ अलग नहीं हो सकता है।

एंट्री की बात करें, जो कि शूट शुरू होने के एक से दो घंटे पहले शुरू होती है, हर किसी को अपने पास की हर चीज, जिसमें फोन भी शामिल है, उसे बाहर छोड़कर यानी कि जमा करके अंदर आना होता है, ताकि वे शो का पूरा आनंद उठा सकें और किसी भी तरह से शूटिंग प्रक्रिया प्रभावित न होने पाए। इसके बाद एपिसोड के बारे में संक्षेप में शो के डायरेक्टर भारत कुकरेती दर्शकों को जानकारी देते हैं।

दर्शक जब एक बार बैठ जाते हैं और शूट शुरू हो जाता है तो यह शूटिंग अगले तीन से चार घंटे तक चल सकती है या कभी-कभी तो दस घंटे तक भी मामला पहुँच जाता है, जब एक से ज्यादा एपिसोड शूट करने होते हैं या जब एक के बाद एक सेलिब्रिटी गेस्ट एक ही दिन आते रहते हैं। इसलिए टेलीविजन पर आप जो 45 से 60 मिनट का आनंद उठाते हैं, उसके पीछे कई घंटों की कठोर मेहनत लगी होती है; और यह ही सिर्फ एक चीज नहीं है।

दर्शक जब एक बार बैठ जाते हैं और शूट शुरू हो जाता है तो यह शूटिंग अगले तीन से चार घंटे तक चल सकती है या कभी-कभी तो दस घंटे तक भी मामला पहुँच जाता है, जब एक से ज्यादा एपिसोड शूट करने होते हैं या जब एक के बाद एक सेलिब्रिटी गेस्ट एक ही दिन आते रहते हैं।

शो का क्रिएटिव एलिमेंट, जैसेकि बैकग्राउंड म्यूजिक, लाइट्स, उस हर चीज पर काफी मेहनत होती है, जिससे आपकी दिलचस्पी बनी रह सके। लेकिन शो के दौरान भी दरअसल स्क्रीन जैसा ही सबकुछ नजर आता है। उदाहरण के लिए, जो म्यूजिक टेलीविजन पर बज रहा

होता है, वही शूटिंग के दौरान भी बजाया जाता है, क्योंकि यह दर्शकों के लिए एक माहौल बनाता है और साथ ही एक-एक शॉट के दौरान जरूरत के मुताबिक यह म्यूजिक बैकग्राउंड स्कोर के साथ एकाकार हो सके।

इसके साथ-साथ इस सूचना के तहत अगर आप वाकई आगे बढ़ता हुआ महसूस करते हैं तो आपको कुछ गरम कपड़े भी लेकर आना होता है, क्योंकि बड़ी-बड़ी लाइट्स की गरमी को दूर करने के लिए एयर-कंडिशनिंग जबरदस्त होती है और आपको ऐसा लग सकता है, मानो आप शो में आकर जम जाएँगे।

अगर आप अब भी यह सोच रहे हैं कि आपको शो में आने का न्योता कैसे मिले, तो उसके लिए आपको सोनी एंटरटेनमेंट टेलीविजन की डायरेक्टर्स की टीम को केवल एक इ-मेल या एक चिट्ठी लिखनी होती है, जो आपको इवेंट के लिए पास (Pass) भेज देते हैं और इसके लिए आपको कोई खर्च भी उठाना नहीं पड़ता। अतः अगर कोई बिचौलिया आपसे यह कहे कि वह आपके लिए शो के पास का जुगाड़ कर सकता है और बदले में पैसे माँगे तो आप सतर्क हो जाएँ और साफ समझ लें कि वह ठग है, और कुछ नहीं।

अगर आप अब भी यह सोच रहे हैं कि आपको शो में आने का न्योता कैसे मिले, तो उसके लिए आपको सोनी एंटरटेनमेंट टेलीविजन की डायरेक्टर्स की टीम को केवल एक इ-मेल या एक चिट्ठी लिखनी होती है, जो आपको इवेंट के लिए पास (Pass) भेज देते हैं और इसके लिए आपको कोई खर्च भी उठाना नहीं पड़ता।

अतः बुद्धिमानी से चुनाव करें, क्योंकि आपका जुनून तो जायज है, लेकिन पागलपन के लिए ऐसा नहीं कहा जा सकता है।

□

सेट से परे भी बहुत कुछ होता है, क्योंकि आप किसी न्यूज आर्टिकल और यहाँ-वहाँ से उड़ती अटकलों से तैयार हुई किसी की सोच को बदल नहीं सकते; क्योंकि कोई व्यक्ति वास्तव में कैसा है, उसकी असलियत तो जमीन पर रहती है। इस पर पहली नजर में किसी सेलिब्रिटी को नहीं आँका जाता। यह मानव मनोविज्ञान है और जैसे आप नहीं चाहेंगे कि आपको किस तरह के इनसान के बारे में दुनिया को बताया जाए और खासतौर पर आपसे जुड़ी कमियों को लेकर तो बिल्कुल भी नहीं चाहेंगे। लेकिन क्या यह स्वाभाविक नहीं है कि हम जिन लोगों को पसंद करते हैं, उन्हें लेकर हमारे अंदर उच्च स्तर की अपेक्षाएँ होती है? हालाँकि, एक सेलिब्रिटी मंच पर खुद को कैसे पेश करता है, उसे भले ही हम उसके अस्तित्व बचाने के सच से भरा हिस्सा मानें—और यह हर इनसान के लिए वाकई ठीक होना चाहिए, क्योंकि लोग अपने पसंदीदा सितारे का मीम्स बनाने और उसे कमतर करने के लिए दिमाग लगाते रहते हैं।

> ***किसी खास व्यक्ति को लेकर आपकी सोच उस व्यक्ति के बारे में दरअसल राय नहीं बना रही होती, बल्कि यह बता रही होती है कि आप किस तरह के व्यक्ति हैं; क्योंकि जीवन में एक समय के बाद उसे बदलने की जरूरत होती है।***

अंत में, किसी खास व्यक्ति को लेकर आपकी सोच उस व्यक्ति के बारे में दरअसल राय नहीं बना रही होती, बल्कि यह बता रही होती है कि आप किस तरह के व्यक्ति हैं; क्योंकि जीवन में एक समय के बाद उसे बदलने की जरूरत होती है। एक सेलिब्रिटी भी किसी अन्य शख्स की तरह हो सकता है। अंतर केवल इतना भर होता है कि उन्होंने खुद को बेहतर बनाने और जो भी करें, वह उल्लेखनीय हो, इसके लिए संघर्ष की राह चुनी होती है और निश्चित रूप से, इसलिए उन्होंने मेहनत नहीं की

होती है कि वे हमेशा मजाक बनाए जाने के रडार पर रखे जाएँ!

'द कपिल शर्मा शो' ने असाधारण रूप से प्रतिभाशाली रचनात्मक निर्देशक एवं परदे के पीछे की टीम के साथ और सटीकता के साथ प्रसारण के जरिए दुनिया के सामने जो कुछ भी स्थापित करना चाहा था, उसके साथ लाइमलाइट हासिल की है।

इस चमत्कार का पहला सीजन 30 अगस्त, 2017 को 130 एपिसोड्स के त्रुटिहीन रिकॉर्ड के साथ ऑफ-एयर हो गया। हालाँकि, उसे 'फैमिली टाइम विद कपिल शर्मा' के साथ एक नए विकल्प के जरिए क्रमबद्ध किया जा रहा था और इस शो को स्टैंडअप कॉमेडी एवं एक गेम शो के कॉन्सेप्ट नोट के तौर पर पेश किया गया था, जिसमें कपिल शर्मा और को-होस्ट नेहा पेंडसे के साथ कीकू शारदा और चंदन प्रभाकर के कॉमिक अभिनय तथा नवजोत सिंह सिद्धू भी सबसे अच्छे और बुरे दौर के लिए कपिल के साथ होते। दर्शकों को भी इससे काफी अपेक्षाएँ थीं; लेकिन यह शो महज तीन एपिसोड तक ही चल पाया, जो कि 25 मार्च से 31 मार्च, 2018 के दौरान ही सिमट गया। हालाँकि, ऐसा क्यों हुआ, इसके पीछे की कहानी अब तक एक रहस्य है।

'द कपिल शर्मा शो' ने असाधारण रूप से प्रतिभाशाली रचनात्मक निर्देशक एवं परदे के पीछे की टीम के साथ और सटीकता के साथ प्रसारण के जरिए दुनिया के सामने जो कुछ भी स्थापित करना चाहा था, उसके साथ लाइमलाइट हासिल की है।

नौ महीने की मंथन अवधि के उपरांत कपिल शर्मा ने अपने शो का अगला सीजन सोनी एंटरटेनमेंट टेलीविजन के साथ फिर पेश किया। इस बार जो प्रोडक्शन कंपनियाँ साथ थीं, उनमें 'सलमान खान टेलीविजन' और 'बानिजय एशिया' शामिल थे; जबकि 'के 9 फिल्म्स' और 'ट्रायंफ

एंटरटेनमेंट एंड मीडिया' सीजन के लिए क्रिएटिव प्रोड्यूसर बने।

पिछले सीजन की तरह इस सीजन ने भी उसी तरीके से अपना सफर आगे बढ़ाया, जिसमें आगे चलकर कुछ किरदार अलग हुए तो कुछ नए जुड़े भी। अली असगर और सुनील ग्रोवर ने जहाँ मंच से विदाई ली, वहीं नए जोड़े और भूमिकाओं ने चीजों को जीवंत बना दिया।

दूसरे सीजन में कपिल शर्मा ने 'कप्पू शर्मा' का किरदार निभाया—शर्मा बंधु सलाह केंद्र के मालिक के तौर पर। 'राजेश अरोड़ा', 'चापू शर्मा' और 'इंस्पेक्टर शमशेर बहादुर' साथ थे; जबकि इसमें कीकू शारदा ने 'बच्चा यादव'—जो 11 बच्चों का बाप था और दूधवाला था, 'अच्छा यादव', 'बंपर लॉटरी' और 'वकील'; सुमोना चक्रवर्ती 'भूरी' बनी थीं, जो तितली यादव की बहन के किरदार में थीं और चंदू की प्रेमिका हैं; चंदन प्रभाकर 'चंदू' बने हैं—जो शर्मा सलाह केंद्र के सलाहकार हैं, 'कीर्ति लाल', 'बिमला देवी', 'शाकाल' और 'चाँदनी', यानी कि चंदू की माँ; कृष्णा अभिषेक ने 'सपना शर्मा' के तौर पर शानदार अभिनय किया है—वे सपना ब्यूटी पार्लर के मालिक और कप्पू की बहन बने हैं; भारती सिंह 'तितली यादव' बनी हैं—बच्चा यादव की पत्नी हैं, 11 साल के बच्चे गुड्डू की माँ हैं; 'गुड्डू'—बच्चा और तितली का बड़ा बेटा है, 'खम्मो बुआ' यानी कप्पू की बुआ; रॉशेल राव 'चिनगारी' बनी हैं—वे रॉबर्ट पासवान की बहन हैं; एडवर्ड सॉनेनब्लिक बतौर 'रॉबर्ट पासवान' हैं; पूजा बनर्जी 'खूबसूरत ग्राहक'

पिछले सीजन की तरह इस सीजन ने भी उसी तरीके से अपना सफर आगे बढ़ाया, जिसमें आगे चलकर कुछ किरदार अलग हुए तो कुछ नए जुड़े भी। अली असगर और सुनील ग्रोवर ने जहाँ मंच से विदाई ली, वहीं नए जोड़े और भूमिकाओं ने चीजों को जीवंत बना दिया।

और इस वर्जन की छोटी बम के तौर पर सामने आई हैं; दिव्यांश द्विवेदी ने 'कच्छा यादव' का रोल किया है—जो तितली और बच्चा यादव का बेटा है।

इस सीजन के सोनी टी.वी. पर जारी रहने के दौरान ही 16 फरवरी, 2019 के बाद से शो के स्थायी अतिथि नवजोत सिंह सिद्धू की जगह अर्चना पूरन सिंह ने ले ली। हालाँकि, इस बदलाव के पीछे की वजह नहीं बताई गई।

इस दुनिया के केंद्र की यात्रा अलग थी। ऐसा नहीं था कि वे एक कॉमेडियन बनना चाहते थे। यह वास्तव में उनका सपना कभी नहीं था; लेकिन कभी-कभी हमारे हिस्से में जो भाग्य होता है, वह कुछ ऐसा नहीं होता है कि जिसका हम दिखावा कर सकते हैं। यह ब्रह्मांड द्वारा आपके लिए रची गई ऐसी योजना होती है, जिसके मुताबिक आपको चलना होता है और फिर उसमें से आपकी एक दुनिया उभरती है। आपको केवल एक बात का ध्यान रखना होता है—भविष्य में क्या होगा, इससे डरने की जरूरत बिल्कुल नहीं है।

इस सीजन के सोनी टी.वी. पर जारी रहने के दौरान ही 16 फरवरी, 2019 के बाद से शो के स्थायी अतिथि नवजोत सिंह सिद्धू की जगह अर्चना पूरन सिंह ने ले ली। हालाँकि, इस बदलाव के पीछे की वजह नहीं बताई गई।

डर आपके जोखिम उठाने, कुछ अतिरिक्त मील और आगे जाने तथा कुछ इस तरह से जीने का अंदाज कि मानो कल होगा ही नहीं, ऐसे विचार को मोड़ देता है। यह आपको एकरूपता में बाँध देता है, एक ठहराव पैदा कर देता है और हर उस चीज, जिसे आप हासिल करना चाहते हैं, को पाने के लिए डर की वजह से कदम नहीं बढ़ा पाते। आप जहाँ हैं, वहीं आपको बाँध देता है, आपके विकास के अवसरों को

दरकिनार कर देता है; और कपिल इसी डर से ऊपर उठ चुके थे।

उनके भाग्य ने बरसों उन्हें सफलता की बुलंदी पर बिठाए रखा; लेकिन उनकी किस्मत ने ऐसी राह तैयार की, जिसमें हर चीज पहले की तुलना में और ज्यादा सटीक होती गई। उन्होंने शायद ही कभी सोचा होगा कि जैसा उनके जीवन में घटित हो रहा था, लेकिन साथ ही उन्होंने शायद ही कभी अपनी कहानी के भिन्न समापन की उम्मीद की होगी।

अब तक के क्रम को देखते हुए सर्वश्रेष्ठ हासिल यही है कि हम हर चीज पर क्या सुनते हैं, पढ़ते या महज एक राय, न कि तथ्य के आधार पर खुद को किसी चीज में शामिल कर लेते हैं; जब हर चीज हमारे रास्ते में आती जाती है तो वही उसे बेशकीमती बना देती है, जो कि केवल सच नहीं होता, बल्कि एक नजरिया भी होता है कि हम चीजों को कैसे देखते हैं और हमें यही चीज समझने की जरूरत होती है।

अब तक के क्रम को देखते हुए सर्वश्रेष्ठ हासिल यही है कि हम हर चीज पर क्या सुनते हैं, पढ़ते या महज एक राय, न कि तथ्य के आधार पर खुद को किसी चीज में शामिल कर लेते हैं; जब हर चीज हमारे रास्ते में आती जाती है तो वही उसे बेशकीमती बना देती है, जो कि केवल सच नहीं होता, बल्कि एक नजरिया भी होता है कि हम चीजों को कैसे देखते हैं और हमें यही चीज समझने की जरूरत होती है।

आप यह सोच सकते हैं कि आप किसी को जानते हैं; लेकिन यह केवल एक पहलू है, सच नहीं है, क्योंकि सच अपने आप में एक व्यापक अवधारणा हैं। जो आपके लिए सच है, वह जरूरी नहीं कि मुझे भी तृप्त कर सके; क्योंकि जीवन को संतुष्टि प्रदान करनेवाले तत्त्वों, यानी कि उसमें झूठ का अंश मात्र भी न हो, ऐसा नहीं हो सकता और मेरी

दुनिया में आगे बढ़नेवाली चीजें आपके लिए अकल्पनीय भ्रम साबित हो सकती हैं। यही चीज राय के साथ भी होती है, जो कि निश्चित रूप से तथ्य के आधार पर तैयार होता है और इसलिए, इसमें बातचीत का न्योता होता है। लेकिन चीजें अपनी असल प्रकृति में कैसी होनी चाहिए, उस पर कोई फैसला या आदेश नहीं हो सकता, क्योंकि इससे न केवल सच और झूठ के विचार की मौत हो सकती है, बल्कि इससे एक बहस भी छिड़ सकती है कि कैसे यह हर समय समावेशी नहीं हो सकता? क्योंकि जीवन सदा से खुले सवाल की तरह होता है और यह भी कि जीवन में मिले जवाब आपको बिना किसी मेहनत के हैरान कर सकते हैं।

कपिल शायद ऐसे इनसान नहीं रहे हैं, जिन्होंने कभी गलती न की हो; लेकिन वे निश्चित रूप से ऐसे इनसान तो हैं, जो उन गलतियों को स्वीकार करते हैं और उनके जीवन को देखने तथा आगे उन्हें क्या हासिल हुआ, इसे महसूस करने के हमारे नजरिए को यही बात बदल देती है।

□

बॉलीवुड से रेड कारपेट की ओर

वर्ष 2015 में कपिल शर्मा ने टेलीविजन के स्पेक्ट्रम से सिल्वर स्क्रीन की तरफ छलाँग लगाई। उन्होंने कभी भी ऑन-स्क्रीन शख्सियत बनने का ख्वाब नहीं देखा था, क्योंकि उनको ऑफ-स्क्रीन प्लेबैक सिंगर का प्रोफाइल ही ठीक लगता था। अफवाह फैली कि वे यशराज फिल्म्स के बैनर तले फिल्म से शुरुआत करेंगे। लेकिन वर्तमान दुनिया के घटनाक्रमों ने उनके लिए अलग ही दिशा तैयार कर रखी थी। दरअसल, अगर हम वाकई बॉलीवुड फिल्मों में पुरुषों को मैचो मैन के खाके में रखकर देखें तो कपिल उस खाँचे में फिट नहीं बैठते। और तो और, वे जिस भी चमत्कार का कॉमिकल हिस्सा रहे हैं, जिसने उनको देश में स्टैंडअप्स में बिल्कुल अलग खड़ा किया और इसलिए उनकी पहली फिल्म ही कॉमेडी की दुनिया का एक महान् चमत्कार बनकर सामने आई। हालाँकि वर्ष 2010 में आई फिल्म 'भावनाओं को समझो' में उन्होंने खुद भी एक छोटा-मोटा रोल किया, जिसमें सुनील पाल, अहसान कुरैशी, चंदन प्रभाकर, जॉनी लीवर, गुरप्रीत घुग्गी, दिनेश हिंगू, सुदेश लहरी, मुकेश गौतम, नवीन प्रभाकर, संजय केनी, सिराज खान, दिनेश बावरा, बीरबल और नरेंद्र बेदी शामिल थे; लेकिन उनके लिए बड़े क्षितिज की उड़ान में अब भी समय बाकी था।

किस किसको प्यार करूँ

हास्य की दुनिया में अब्बास मस्तान निर्देशित पहली फिल्म जो आई, वह थी कॉमेडी किंग कपिल शर्मा की 'किस किसको प्यार करूँ'। इस फिल्म की शूटिंग नवंबर 2014 में शुरू हुई और लगभग 14-15 घंटे की शिफ्ट में काम करते हुए लगभग दो महीने में फिल्म को पूरा कर लिया गया। यह वह दौर था, जब 'कॉमेडी नाइट्स विद कपिल' काफी उतार-चढ़ाव के बीच सफर कर रहा था। दरअसल, 'कॉमेडी नाइट्स विद कपिल' और अपनी नवोदित फिल्म के बीच सामंजस्य बैठाने के क्रम में वे वर्कलाइफ बैलेंस बनाने के लिए संघर्ष कर रहे थे।

> ***हास्य की दुनिया में अब्बास मस्तान निर्देशित पहली फिल्म जो आई, वह थी कॉमेडी किंग कपिल शर्मा की 'किस किसको प्यार करूँ'। इस फिल्म की शूटिंग नवंबर 2014 में शुरू हुई और लगभग 14-15 घंटे की शिफ्ट में काम करते हुए लगभग दो महीने में फिल्म को पूरा कर लिया गया।***

फिर भी, फिल्म निर्धारित समय में तैयार हो गई और 25 सितंबर, 2015 को इसका वर्ल्ड प्रीमियर हुआ। इससे पहले यह फिल्म अपनो कास्टिंग और साउंड ट्रैक्स को लेकर काफी हलचल मचा चुकी थी, जिसका जिम्मा डॉ. जिउज ने सँभाल रखा था और 4 सितंबर, 2015 को इसे जी कंपनी म्यूजिक ने रिलीज किया था, जिसमें तनिश्क बागची, जावेद मोहसिन, अमजद-नदीम के साथ बैकग्राउंड स्कोर सलिल अमृते का था। फिल्म के गीतकार के तौर पर शब्बीर अहमद, अराफात महमूद, राज रंजोढ़, मावी सिंह और भिंडा बावके ने शानदार काम किया था। इसके गाने भी काफी लोकप्रिय हुए, जिनमें कनिका कपूर और दिव्या कुमार का गाया 'जुगनी पीके टाइट है'; वाजिद, रितु पाठक, शाल्मली खोलगडे का दानिश साबरी के रैप बीट्स

से सजा गाना 'डीजे बजेगा तो पप्पू नाचेगा'; वहीं दिग्गज श्रेया घोषाल और जुबिन नौटियाल का गाया 'समंदर में'; कपिल शर्मा का खुद का गाया और साथ में डॉ. जिउज, कौर बी एवं सिमरन राम का गाया 'बम बम'; डॉ. जिउज, इक्का और राजवीर सिंह का गाया 'बिल्ली काट गई'; कपिल शर्मा और कुंदन पांडे का गाया 'हम तो यारों लटक गए'; दिव्य कुमार और सुकृति कक्कड़ का गाया 'जुगनी पीके टाइट है वर्जन 2' शामिल हैं।

एक तरफ इस फिल्म से कपिल का एक्टिंग में पदार्पण हुआ, वहीं उनके गायन की भी एक तरह से शुरुआत हो गई, भले ही जैसा उन्होंने सोच रखा होगा कि दरअसल, वैसे सिंगल्स से शुरुआत नहीं हो सकी। परदे के पीछे का एक राज यह था कि अब्बास-मस्तान ने इस बारे में सोचा ही नहीं था कि इसे कपिल के गायन की शुरुआत के तौर पर भी देखा जाए।

एक तरफ इस फिल्म से कपिल का एक्टिंग में पदार्पण हुआ, वहीं उनके गायन की भी एक तरह से शुरुआत हो गई, भले ही जैसा उन्होंने सोच रखा होगा कि दरअसल, वैसे सिंगल्स से शुरुआत नहीं हो सकी। परदे के पीछे का एक राज यह था कि अब्बास-मस्तान ने इस बारे में सोचा ही नहीं था कि इसे कपिल के गायन की शुरुआत के तौर पर भी देखा जाए। लेकिन कपिल को साइन करने के बाद जैसे-जैसे वे आगे बढ़ते गए, डॉ. जिउज और कपिल शर्मा ने वाकई काफी अच्छे से चीजों को आगे बढ़ाया और यहाँ तक कि कपिल ने एक गाना भी गाया, जो फिल्म में बिल्कुल सटीक बैठा और तभी निर्देशक द्वय ने उस गाने को फिल्म का हिस्सा बनाने के बारे में सोचा और साथ ही यह भी कि संगीत जगत् के लिए भी एक सुखद पहल पैदा कर दी, जिसमें ये गाने काफी पॉपुलर हुए—'हम तो यारों लटक गए'

और 'बम बम'। डॉ. जिउज, जो कि फिल्म के म्यूजिक डायरेक्टर भी थे, वे कपिल के पास मौजूद इस प्रतिभा से हैरान थे कि कपिल बगैर किसी उचित प्रशिक्षण के गायन के क्षेत्र में इतने शानदार हैं!

इस फिल्म ने कुछ रिकॉर्ड तोड़ते हुए अपने खाते में ऐतिहासिक सुबूत जमा किए, जिसमें कपिल को लेकर कुछ मजेदार तथ्य शब्दों के रूप में सतह पर आए, जिनमें एक था डांस का डर, जिसे 'कोरोफोबिया' भी कहते हैं, जिसमें डांस करने से बचने के लिए एक शख्स हर तरह का बहाना बनाता है। यहाँ तक कि वह निर्देशकों को यह भी कहता है कि और कुछ भी करा लें, मगर डांस करने को न बोलें। लेकिन ऐसा लगता है कि कोरियोग्राफर राजू खान का कपिल को लेकर कुछ और ही प्लान था, क्योंकि उन्होंने कपिल को ऐसे हालात में डाल दिया कि उनको अपने इस डर को दूर करने का उपाय तलाशना ही पड़ा और फिल्म में तमाम गानों पर कपिल को डांस करना ही पड़ा। लेकिन हैरानी तो इस बात की है कि उनके जीवन का पहला डांस शॉट, जो कि हीरोइन मंजरी फड़निस के साथ था, महज तीन से चार टेक में ही 'ओके' हो गया। इसके साथ ही, उनका पहला बॉलीवुड गाने का शूट, जो कि रेगिस्तान में कहीं था, उसे लेकर कपिल काफी घबराए हुए थे और इसके चलते काफी उथल-पुथल मच गई थी। इसके पीछे वजह यह थी कि कपिल ने पहले कभी रोमांस का अनुभव नहीं किया था और इस फिल्म में तो

इस फिल्म ने कुछ रिकॉर्ड तोड़ते हुए अपने खाते में ऐतिहासिक सुबूत जमा किए, जिसमें कपिल को लेकर कुछ मजेदार तथ्य शब्दों के रूप में सतह पर आए, जिनमें एक था डांस का डर, जिसे 'कोरोफोबिया' भी कहते हैं, जिसमें डांस करने से बचने के लिए एक शख्स हर तरह का बहाना बनाता है।

तीन-तीन हीरोइनों के साथ रोमांस करना था, जिसने कहीं-न-कहीं से उनको हँसी-मजाक में उकसाया।

चूँकि यह एक कॉमेडी फिल्म थी, फिर भी कॉमिक वाला हिस्सा पूरी तरह कपिल शर्मा के कंधों पर नहीं था; बल्कि इसमें वरुण शर्मा, अरबाज खान और जैमी लीवर ने भी तड़का लगाया। जैमी लीवर लोकप्रिय कॉमेडियन जॉनी लीवर की बेटी हैं। इसलिए कॉमेडी तो इस फिल्म के रक्त के साथ प्रसारित हुई, क्योंकि यह कमोबेश हर किसी की तरफ से प्राकृतिक ही थी।

*भले ही पूरी फिल्म की प्लॉटलाइन इसके किरदारों को लेकर बिल्कुल सटीक थी, लेकिन उनके कद को देखते हुए इसका पूरा श्रेय यों ही उन्हें नहीं दिया जा सकता है। इस फिल्म का टाइटल अगर हूबहू ट्रांसलेट किया जाए तो यह होगा—**'Whom do I love'**।*

भले ही पूरी फिल्म की प्लॉटलाइन इसके किरदारों को लेकर बिल्कुल सटीक थी, लेकिन उनके कद को देखते हुए इसका पूरा श्रेय यों ही उन्हें नहीं दिया जा सकता है। इस फिल्म का टाइटल अगर हूबहू ट्रांसलेट किया जाए तो यह होगा—'Whom do I love'। यह फिल्म एक हास्यप्रद भ्रम होती है, जो एक वॉयसओवर से शुरू होती है, जिसमें यह बताया जाता है कि कैसे शादी लोगों को बदल देती है और शिव राम किशन कुमार की जिंदगी किस तरह से बदल जाती है, जिनकी शादी एक साथ तीन-तीन महिलाओं से हो जाती है—जुही, अंजलि और सिमरन। एक ही शख्स को इन तीनों से शादी इसलिए करनी पड़ती है, ताकि अपने प्यार को गँवाने के गम में ये तीनों खुदकुशी जैसा कदम न उठाने पाएँ। भ्रम की स्थिति तब एक नया मोड़ ले लेती है, जब ये तीनों पत्नियाँ दीपिका की दोस्त बन जाती हैं। कुमार दीपिका से प्यार करता है

और इसलिए फिल्म के आखिर में दीपिका की शादी कुमार से हो जाती है और इस तरह वह कुमार की चौथी पत्नी बन जाती है। जब सच्चाई सामने आती है, तब कुमार अपने हिस्से की कहानी हर किसी को सुनाता है और चारों पत्नियों को एक-दूसरे को स्वीकार करने को कहता है, सिवाय टाइगर को छोड़कर, जिसका फिल्म में कॉमेडी रोल है और वह अंजलि का भाई भी है।

फिल्म की कास्टिंग में काफी मेहनत की गई और कलाकारों की क्षमता को तलाशा गया। अतः 'शिव राम किशन कुमार' के रूप में कपिल शर्मा, 'अंजलि' के तौर पर साई लोकुर, 'जुही' के तौर पर मंजरी फड़निस, 'सिमरन' के तौर पर सिमरन कौर मुंडी, 'दीपिका' बनी हैं एली अवराम, 'करन', जो कि वकील है और कुमार का बेस्ट फ्रैंड है, का किरदार निभाया है।

फिल्म की कास्टिंग में काफी मेहनत की गई और कलाकारों की क्षमता को तलाशा गया। अतः 'शिव राम किशन कुमार' के रूप में कपिल शर्मा, 'अंजलि' के तौर पर साई लोकुर, 'जुही' के तौर पर मंजरी फड़निस, 'सिमरन' के तौर पर सिमरन कौर मुंडी, 'दीपिका' बनी हैं एली अवराम, 'करन', जो कि वकील है और कुमार का बेस्ट फ्रैंड है, का किरदार निभाया है। वरुण शर्मा ने, अरबाज खान 'टाइगर भाई' बने हैं, 'रुक्मिणी', जो कि कुमार की माँ हैं, की भूमिका निभाई है सुप्रिया पाठक ने, 'बृजमोहन', कुमार के पिता का रोल किया है शरत सक्सेना ने, 'गुलाबचंद' यानी दीपिका के पिता बने हैं मनोज जोशी, 'अनिल' का रोल किया है सनी चीमा ने, 'लिली' हैं नतालिया कोजेनोवा, 'चार्ली' शरद सांकला और 'चंपा' का रोल जैमी लीवर ने किया है। इन सबने पूरी फिल्म में उल्लेखनीय काम किया है।

फिल्म का क्लोजिंग शॉट एक गाने पर फिल्माया गया है—'डीजे

बजेगा तो पप्पू नाचेगा', जिसकी कोरियोग्राफी अहमद खान ने की है और फिल्म का पूरा कास्ट इसमें शामिल है। जबकि परदे के पीछे के दृश्य भी मजेदार अंदाज में तैयार किए गए हैं, जिसमें पूरी फिल्म राजस्थान में बनाई गई है। इसलिए उन सभी को वहाँ की रेत में नहाया हुआ दिखाया गया है, जिसमें किसी के बाल में तो किसी के चेहरे व आँखों और पूरे शरीर पर रेत-ही-रेत नजर आती है।

निर्देशक-द्वय भी इस बात से सहमत थे कि इस फिल्म को बनाने में उन्हें जितना आनंद आया, वैसा अनुभव उनको इससे पहले किसी फिल्म के सेट पर नहीं मिला। इस पूरी यात्रा के दौरान उनकी केवल यही ख्वाहिश रही कि इस पूरी टीम को एक नए अभियान में दोबारा कास्ट किया जाए। इसी से पता चलता है कि वहाँ कितनी सच्चाई थी कि वे अब भी आगे जाना चाहते थे।

निर्देशक-द्वय भी इस बात से सहमत थे कि इस फिल्म को बनाने में उन्हें जितना आनंद आया, वैसा अनुभव उनको इससे पहले किसी फिल्म के सेट पर नहीं मिला। इस पूरी यात्रा के दौरान उनकी केवल यही ख्वाहिश रही कि इस पूरी टीम को एक नए अभियान में दोबारा कास्ट किया जाए।

लेकिन इस फिल्म के साथ सबसे खूबसूरत प्रक्रिया, जो निकलकर सामने आई, वह उद्‌भव की थी। कपिल एक व्यक्ति और एक कलाकार के रूप में उभरकर सामने आए। अब वे टेलीविजन स्क्रीन के नॉन-फिक्शनल कॉमेडी का चेहरा नहीं रह गए थे, बल्कि वीनस रिकॉर्ड्स एंड टेप्स, अब्बास-मस्तान फिल्म्स प्रोडक्शन प्राइवेट लिमिटेड और यूनाइटेड सेवन जैसे बॉलीवुड बैनर का एक नाम बन गए थे।

फिल्म को इंडियन आइडल जूनियर, डांस इंडिया या जिसका लोकप्रिय नाम डी.आई.डी. एवं द वॉयस है, जो कि संभवतः संगीत के

लिए लोगों के प्रेम और रियलिटी टेलीविजन के चमत्कारों की लोकप्रियता के चलते दिया गया, जिसमें टीम को सभी प्लेटफॉर्मों पर अतिथि के रूप में जाने और पारी की शुरुआत का मिलकर आनंद लेने का समय था।

इस शुरुआत की सफलता की कहानी कुछ ऐसी थी कि फिल्म का बजट 20 करोड़ रुपए था, जबकि पहले दिन 10.15 करोड़ का कलेक्शन हुआ और किसी नए सितारे वाली फिल्म के लिए यह पहले दिन की सबसे बड़ी कमाई थी। इस फिल्म ने पहले दिन के कलेक्शन के मामले में धर्मा प्रोडक्शंस के बैनर तले बनी फिल्म 'स्टूडेंट ऑफ द ईयर' के रिकॉर्ड को तोड़ दिया था। दूसरे दिन इसका बॉक्स ऑफिस कलेक्शन लगभग 72.2 करोड़ रुपए रहा। इस तरह बिग-टाइम प्रीमियर के जरिए कपिल शर्मा का स्क्रीन का डायनेमिक्स बदल गया, जिसके चलते वे अगली फिल्म की ओर बढ़ गए।

इस शुरुआत की सफलता की कहानी कुछ ऐसी थी कि फिल्म का बजट 20 करोड़ रुपए था, जबकि पहले दिन 10.15 करोड़ का कलेक्शन हुआ और किसी नए सितारे वाली फिल्म के लिए यह पहले दिन की सबसे बड़ी कमाई थी।

फिरंगी

वर्ष 2017 की पथरीली शुरुआत बड़े बैनर की अगली फिल्म 'फिरंगी' की शूटिंग से हुई और 'द कपिल शर्मा शो' पहले की ही तरह चलता रहा। फिर भी, केवल कपिल ही थे, जो अपने सर्वश्रेष्ठ प्रयासों से हर चीज खींच सकते थे।

'फिरंगी' एक पीरियड ड्रामा फिल्म है, जो स्टैंडअप कॉमेडियन का नया रंग-रोगन करती है और सभी धरातलों पर वाकई संतोषजनक थी। इस फिल्म की खुशकिस्मती ही थी कि 'कॉमेडी नाइट्स विद कपिल' के पहले 30 एपिसोड का निर्देशन करनेवाले राजीव धींगरा

ही फिल्म के निर्देशक बने। वे कपिल शर्मा के बचपन के दोस्त भी हैं। उन दोनों ने साथ में स्कूल में पढ़ाई की थी और उन्हें इस काम के लिए चुनना कपिल के लिए फायदेमंद था, क्योंकि निर्देशक को हमेशा पता होता है कि कपिल के लिए कौन सी चीजें सहज हो सकती हैं और वे कपिल को उससे अलग लाइन पर जाने ही नहीं देंगे। उनको पता था कि एक कलाकार होने के चलते किसी शख्स के लिए वह कितना चुनौतीपूर्ण होता है। लेकिन इस फिल्म में पीरियॉडिक सटायर में कॉमेडी का आइडिया बड़ी चुनौती था, इसलिए उन्होंने राजीव धींगरा को अपने साथ जोड़ा।

फिल्म का स्क्रीन प्ले राजीव धींगरा, बलविंदर सिंह जाँजुआ और रुपिंदर चहल ने तैयार किया, जिसे आवाज दी आवाज के शहंशाह अमिताभ बच्चन ने। यह फिल्म प्रमुखतया राजस्थान में और स्टोरी लाइन की माँग पर पंजाब में शूट हुई।

फिल्म का स्क्रीन प्ले राजीव धींगरा, बलविंदर सिंह जाँजुआ और रुपिंदर चहल ने तैयार किया, जिसे आवाज दी आवाज के शहंशाह अमिताभ बच्चन ने। यह फिल्म प्रमुखतया राजस्थान में और स्टोरी लाइन की माँग पर पंजाब में शूट हुई।

फिल्म की पटकथा की माँग पर फिल्म के लिए आजादी के दौर से पहले के गाँव का पूरा सेट तैयार किया गया और इस काम में लगी टीम ने अतिरिक्त मशक्कत की। 'फिरंगी' के निर्देशक राजीव धींगरा और कपिल शर्मा के अनुसार, आजादी से पहले के दौर में लगभग हर फिल्म में हमेशा खून-खराबा और संघर्ष ही दिखाया जाता रहा है, इसलिए हमने बस, यह इच्छा जताई कि इस बार पूरी तरह से अलग एंगल से चीजों को दिखाया जाए। दरअसल, 'गल्फ न्यूज' को दिए एक इंटरव्यू में कपिल शर्मा ने कहा भी, "हमारा एक आकलन था : विभाजन के दौर पर जितनी भी फिल्में

बनी हैं, उनमें एक नकारात्मक और दुःखांत पक्ष को ही दिखाया गया है। मेरे दादा, जो पाकिस्तान से थे, वे विस्थापन की त्रासद कहानियाँ साझा करते थे; लेकिन वे हमें उस समय के बारे में भी बताते थे, जब लोग ईद और दीवाली साथ-साथ मनाते थे। उन खुशनुमा पहलुओं को हमने 'फिरंगी' के आइडिया में डाला। इसलिए हमने सोचा कि क्यों न एक फिल्म बनाई जाए, जो विभाजन से पहले के दौर के सामान्य जनजीवन और एक युगल के बीच प्रेम के अंकुर फूटने की कहानी को उभारे!"

मेरे दादा, जो पाकिस्तान से थे, वे विस्थापन की त्रासद कहानियाँ साझा करते थे; लेकिन वे हमें उस समय के बारे में भी बताते थे, जब लोग ईद और दीवाली साथ-साथ मनाते थे। उन खुशनुमा पहलुओं को हमने 'फिरंगी' के आइडिया में डाला।

और इस तरह 'फिरंगी' का आइडिया तैयार हुआ।

फिल्म की कास्ट में गतिशील भूमिका में आक्रामक कलाकार थे, जिनमें प्रमुखतया 'मंगा' या 'मंगत राम' कपिल शर्मा खुद थे, 'सर्गी' बनी थीं इशिता दत्ता, 'राजकुमारी श्यामली देवी' का रोल किया था मोनिका गिल ने, 'मार्क डेनियल' का रोल एडवर्ड सॉनेनब्लिक, 'राजा इंदरवीर सिंह' बने थे कुमुद मिश्रा, 'लालाजी' की भूमिका में अंजन श्रीवास्तव, 'हीरा' का रोल किया था इनामुल हक ने, 'सर्गी के पिता' की भूमिका में थे राजेश शर्मा, 'हकीम' थे जमील खान, 'मंगा की दादी' थीं जतिंदर कौर, 'पहलवान' विशाल ओम प्रकाश, 'निम्मो' का रोल किया था रोशनी वालिया ने, 'लाली' नाइशा खन्ना, 'कांशी राम' या 'मंगा के पिता' के रोल में शरन मक्कड़ और 'महारानी' या 'श्यामली की माँ' बनी थीं नीता मोहिंद्रा। फिल्म में मरियम जकारिया का एक आइटम नंबर भी था।

ये किरदार फिल्म के कथानक में पूरी तरह डूब गए, जो कि न

केवल एक दौर को दिखाती है, बल्कि हर तरह से मजेदार भी है। सन् 1920 में मंगा (कपिल शर्मा) एक निरक्षर और बेरोजगार युवा है, जो पुलिस में भरती होने के चक्कर में हर बार फेल हो जाता है। पुलिस में जाना उसका सपना होता है। एक बार वह अपने दोस्त हीरा (इनामुल हक) की शादी में पंजाब के एक गाँव नाकू गादू गया होता है तो वहाँ वह सर्गी (इशिता दत्ता) की खूबसूरती और मासूमियत पर फिदा हो जाता है। सर्गी में पड़ोस की लड़की जैसी सरल छवि होती है। मंगा को उससे वहीं प्यार हो जाता है। लेकिन जब वह सर्गी के पिता (राजेश शर्मा) के पास उसका हाथ माँगने जाता है तो वे इस रिश्ते के खिलाफ हो जाते हैं और प्रस्ताव खारिज कर देते हैं, क्योंकि मंगा बेरोजगार होता है।

> ***इस फिल्म का मजेदार पहलू यह है कि मंगा एक खास तरह की क्षमता लेकर पैदा होता है और अपने पैर की एक ठोकर से वह किसी का भी कमर दर्द ठीक कर सकता है। उसकी इस खूबी के बारे में जब कमर दर्द से परेशान मार्क डेनियल (एडवर्ड सॉनेनब्लिक) को पता चलता है।***

इस फिल्म का मजेदार पहलू यह है कि मंगा एक खास तरह की क्षमता लेकर पैदा होता है और अपने पैर की एक ठोकर से वह किसी का भी कमर दर्द ठीक कर सकता है। उसकी इस खूबी के बारे में जब कमर दर्द से परेशान मार्क डेनियल (एडवर्ड सॉनेनब्लिक) को पता चलता है। जो कि पुलिस फोर्स में सीनियर लेवल पर होता है तो वह मंगा को बुलाता है और मंगा उसकी कमर का दर्द ठीक कर देता है। मंगा की प्रतिभा से प्रभावित होकर वह उसे पुलिस में भरती होने का प्रस्ताव देता है। इससे प्रभावित होकर मंगा एक बार फिर सर्गी के दरवाजे पर पहुँचता है। लेकिन इस बार सर्गी के दादा लालाजी (अंजन श्रीवास्तव) मंगा के प्रस्ताव को खारिज कर देते

हैं, क्योंकि मंगा को अंग्रेजों के लिए काम नहीं करना चाहिए, जिनसे आजादी के लिए नाकू गादू गाँव में आंदोलन चल रहा है।

फिल्म को दो चरणों में फिल्माया गया। दूसरे चरण में, केवल एक प्रमोशनल वीडियो और एक गाने की शूटिंग मुंबई में करने की योजना तय की गई। पहला चरण मार्च में ही पूरा कर लिया गया और फिल्म 24 नवंबर, 2017 को रिलीज हुई, जिसे पहले 10 नवंबर, 2017 को रिलीज किया जाना था। फिल्म का पहले दिन का कलेक्शन 1 करोड़ 79 लाख रुपए था, जो कि किसी पीरियड ड्रामा के लिए उल्लेखनीय था, जबकि वैसी फिल्म दरअसल वर्तमान भारतीय दर्शकों के मिजाज की नहीं थी।

फिल्म को दो चरणों में फिल्माया गया। दूसरे चरण में, केवल एक प्रमोशनल वीडियो और एक गाने की शूटिंग मुंबई में करने की योजना तय की गई। पहला चरण मार्च में ही पूरा कर लिया गया और फिल्म 24 नवंबर, 2017 को रिलीज हुई, जिसे पहले 10 नवंबर, 2017 को रिलीज किया जाना था।

फिल्म को उसके संगीत के लिए भी सराहा गया, जिसके निर्देशक जतिंदर शाह थे और गीतों का जिम्मा डॉ. देवेंद्र काफिर ने सँभाला। इसमें एक गाना 'गुलबदन' को अशरफ अली और कृष्ण भारद्वाज ने तैयार किया था। फिल्म के गानों को आधिकारिक तौर पर जी म्यूजिक कंपनी ने रिलीज किया, जिसमें सुनिधि चौहान के गाने 'ओए फिरंगी' को पहली रिलीज के तौर पर 27 अक्तूबर, 2017 को रिलीज किया गया, इसके बाद ज्योति नूरन के गाए 'सजना सोहने जिया' को 2 नवंबर, 2017 को रिलीज किया गया और तीसरे सिंगल गीत 'साहिबा रूस गइया', जिसे राहत फतेह अली खान ने गाया था, वह 9 नवंबर, 2017 को रिलीज हुआ। म्यूजिक एलबम के बाकी गाने 21 नवंबर, 2017 को

रिलीज हुए, जिसमें कुल छह गाने शामिल थे। इनमें दलेर मेहँदी का गाया 'तू जित जावणा', ममता शर्मा एवं देवेंद्र पाल सिंह का गाया 'गुलबदन' और शफाकत अमानत अली की शानदार आवाज में 'साहिबा' का अनप्लग्ड वर्जन गाने शामिल हैं। इस संगीतमय उत्साह के अभूतपूर्व आनंद के साथ म्यूजिक एलबम सटीक जीवन परिदृश्यों की रेखा के साथ विभिन्न भावनाओं से उभरता हुआ एक कंप्लीट पैकेज था। इसलिए यह एक ऐसी मिठास थी, जिससे कोई इनकार नहीं कर सकता था।

'फिरंगी' केवल एक फिल्म नहीं थी, बल्कि कपिल शर्मा के लिए प्रोडक्शन से जुड़ा चमत्कार था, इसलिए इसमें स्टैंडअप कॉमेडियन कम एक्टर के अलग-अलग स्वरूप देखने को मिले। इस फिल्म में परदे के पीछे के दृश्यों ने कपिल को एक एक्टर के तौर पर उभारा। अब तक वे केवल कैमरे से ही वाकिफ थे; लेकिन अपनी नवोदित फिल्म 'किस किसको प्यार करूँ' में काम करने के दौरान निर्देशक की तरफ से सकारात्मक प्रतिक्रिया पाकर उनमें इस पर और काम करने की रुचि जागी। मेरा मानना है कि अपने कौशल को और निखारने के विचार पर उन्होंने काफी ध्यान दिया है और सीखा भी है, जैसाकि उनकी पिछली फिल्मों ने उन्हें सिखाया भी कि कैसे एक बेखौफ डांसर बनें, जैसाकि हर कलाकार को होना ही पड़ता है। हमने उनको बालरूम डांस में पारंगत होते हुए देखा और दो साल के भीतर वे इस काम में लगभग पारंगत हो गए। इस अवधि में उन्होंने अपनी दुनिया

'फिरंगी' केवल एक फिल्म नहीं थी, बल्कि कपिल शर्मा के लिए प्रोडक्शन से जुड़ा चमत्कार था, इसलिए इसमें स्टैंडअप कॉमेडियन कम एक्टर के अलग-अलग स्वरूप देखने को मिले। इस फिल्म में परदे के पीछे के दृश्यों ने कपिल को एक एक्टर के तौर पर उभारा।

से जो कुछ भी सीखा, उसे इस फिल्म में भी साथ-ही-साथ लागू किया, जैसाकि उन्होंने उन सुझाए गए बदलावों की जरूरत महसूस भी की।

यह आसान काम बिल्कुल नहीं था, चाहे वह एक सेट का निर्माण हो या विंटेज कारों की व्यवस्था करना रहा हो या बैलगाड़ियों को इकट्ठा करना रहा हो। अपने एक इंटरव्यू में कपिल ने इन कामों को फिल्म के सबसे कठिन कामों में गिनाया। लेकिन इसके साथ-साथ फिल्म की शूटिंग के दौरान उनको लगी चोट का भी पता चला, जो कि एक सीन में किसी को स्टेनलेस स्टील की रॉड उनकी तरफ फेंकनी थी और वे गलत समय पर उस रॉड के सामने आ गए। हालाँकि, इस चोट के चलते उन्होंने काम में दिक्कत नहीं आने दी।

यह आसान काम बिल्कुल नहीं था, चाहे वह एक सेट का निर्माण हो या विंटेज कारों की व्यवस्था करना रहा हो या बैलगाड़ियों को इकट्ठा करना रहा हो। अपने एक इंटरव्यू में कपिल ने इन कामों को फिल्म के सबसे कठिन कामों में गिनाया।

यह फिल्म कपिल में आए और निखार के साथ तैयार हुई, क्योंकि विकास का कुल मामला व्यक्तिगत सोच पर निर्भर होता है, जो कि दिन-प्रतिदिन जीवन में हमारे अनुभवों के आधार पर और खूबसूरत होता जाता है।

यह फिल्म सही अर्थों में उनके जीवन के लिए जरूरी साबित हुई और यही चीज इसे विशिष्ट बनाती है तथा साथ ही एक सबक भी है, जिसे किसी अन्य तरीके से सहेजा नहीं जा सकता है।

एक निर्माता के तौर पर और समझदार होने के साथ-साथ वे पंजाबी तड़का की अपनी दुनिया में चले गए और वहाँ से 'सन ऑफ मंजीत सिंह' के रूप में एक नई फिल्म लेकर आए।

सन ऑफ मंजीत सिंह

'द कपिल शर्मा शो सीजन 1' और 'द कपिल शर्मा शो सीजन 2' के सफर में कपिल ने अपने जीवन को देखने के लिए खुद को एक अलग ही फलक पर पाया और इसी खास नजरिए ने उनको एंटरटेनमेंट इंडस्ट्री में बड़े परदे की ओर रुख करने के लिए प्रेरित किया। जिसका नतीजा था कि उन्होंने पंजाबी सिनेमा में प्रयोग करते हुए 'सन ऑफ मंजीत सिंह' बनाई।

'सन ऑफ मंजीत सिंह' विक्रम ग्रोवर की वर्ष 2018 की शानदार कृति थी, जो खेल-कूद पर आधारित फिल्म थी, जिसमें जीवन के सटीक कोण को प्रतिबिंबित किया गया था। यह फिल्म माँ-बाप के मन में अपने बच्चों को लेकर अत्यधिक अपेक्षाओं पर आधारित है, जो बच्चों को माँ-बाप के सपनों को ढोनेवाला चिह्न समझते हैं और उन पर जाने-अनजाने अपनी चीजें थोपते हैं।

'द कपिल शर्मा शो सीजन 1' और 'द कपिल शर्मा शो सीजन 2' के सफर में कपिल ने अपने जीवन को देखने के लिए खुद को एक अलग ही फलक पर पाया और इसी खास नजरिए ने उनको एंटरटेनमेंट इंडस्ट्री में बड़े परदे की ओर रुख करने के लिए प्रेरित किया।

कहानी कपिल शर्मा और के 9 फिल्म्स के लिए पंजाब में प्रोडक्शन की दुनिया में पहला नंबर था। हालाँकि, यह कोई और भी फिल्म हो सकती थी, लेकिन बाप-बेटे के रिश्ते पर फिल्म बनाने का विचार कपिल के मन में कहीं-न-कहीं अपने पिता के साथ रहे अनुभव के चलते भी था और इसलिए प्यार के खूबसूरत बंधन को चित्रित करनेवाले इस तरह के एक हार्दिक सिनेमैटोग्राफिक टुकड़े का निर्माण करने के लिए दिलचस्प ट्रिगर के साथ आया।

'सन ऑफ मंजीत सिंह' फिल्म एक पिता 'मंजीत सिंह' (गुरप्रीत

घुग्गी) और उसके किशोर वय बेटे 'जयवीर' (दमनप्रीत सिंह) एवं 'सिमरन' (तानिया) पर आधारित है। समाज के निम्न-मध्य वर्ग पर केंद्रित यह फिल्म बेहद सटीक तरीके से दिखाती है कि देश में शिक्षा व्यवस्था किस बदहाल स्थिति में है कि बच्चों की नैसर्गिक प्रतिभा उभारने की बजाय रटने की परंपरा पर चलती है।

मनजीत सिंह अपने बचपन में सपने देखने का पीड़ित रह चुका है, इसलिए अपने बेटे को क्रिकेट में कॅरियर बनाने के उसके सपने को आगे बढ़ाने से रोक देता है और पढ़ाई पर ध्यान केंद्रित करवाता है; क्योंकि वह उसे भविष्य में एक निवेश बैंकर बनाने की कल्पना करता है। आखिरकार, कहानी में एक बड़ा मोड़ आता है, जो एक निर्विवाद बदलाव करता है और कथानक को भावनात्मक बढ़त दिलाता है।

मनजीत सिंह अपने बचपन में सपने देखने का पीड़ित रह चुका है, इसलिए अपने बेटे को क्रिकेट में कॅरियर बनाने के उसके सपने को आगे बढ़ाने से रोक देता है और पढ़ाई पर ध्यान केंद्रित करवाता है; क्योंकि वह उसे भविष्य में एक निवेश बैंकर बनाने की कल्पना करता है।

'सन ऑफ मंजीत सिंह' एक अपरिभाषित बंधन की कहानी है, जो एक पिता व पुत्र के बीच प्यार, सपनों और पीढ़ियों के बीच बढ़ते अंतर को समेटनेवाली हर चीज के चमत्कारों के बीच साझा किया गया है।

एक तरफ मंजीत सिंह अपने बच्चों को सांसारिक समस्याओं से बचाने की कोशिश करता है, वहीं यह स्थापित करता है कि जीवन में हर व्यक्ति का अपना स्वयं का अर्जित किया हुआ अनुभव होता है, जो या तो उसे चोट पहुँचा सकता है या नहीं।

खूबसूरती से गढ़े गए रोमांच को बचाते हुए फिल्म के स्टारकास्ट ने बड़े परदे पर चमत्कार कर दिया। इन दिग्गजों में शामिल थे—बतौर

'मंजीत सिंह' गुरप्रीत घुग्गी, 'प्रीति' के रोल में जापजी खैरा, 'मेहता' यानी करमजीत अनमोल, 'बद्रीनाथ बग्गा' के रोल में बी.एन. शर्मा, 'सिमरन' यानी तानिया, 'जयवीर या जैवी' के तौर पर दमनप्रीत सिंह, 'एडवोकेट जुनेजा' यानी हर्बी सांघा, 'पम्मी बेदी' यानी दीप मंदीप, 'मि. बेदी' यानी मल्कीत रौनी, 'बतालवी' यानी जपतेज सिंह, 'संतोख' यानी प्रकाश गाधू, 'स्कूल के प्रिंसिपल' के रोल में तरसेम पॉल, 'क्रिकेट कोच' दलजिंदर बसराँ और 'मिसेज उप्पल-बग्गा का कर्जदार' के रोल में गुरप्रीत भानु।

इस अभूतपूर्व कास्टिंग ने फिल्म में चलनेवाली हर कहानी और उप-कहानी की चमक बिखेर दी। हर किरदार में दिखाई गई गहराई आज के जीवन की वास्तविकता को शानदार, लेकिन समझने योग्य तरीके से सामने लाती है।

इस फिल्म को अजय देवगन निर्मित फिल्म 'हेलिकॉप्टर ईला' से टक्कर मिली, जिसमें काजोल बतौर सुपरमॉम मुख्य भूमिका में थीं। इसके बावजूद फिल्म ने रिलीज के दिन लगभग 2 करोड़ रुपए कमाए और पंजाबी सिनेमा में इसे पसंद किया गया तथा यूनाइटेड किंगडम में भी यह फिल्म लंबे समय तक चली।

इस फिल्म को अजय देवगन निर्मित फिल्म 'हेलिकॉप्टर ईला' से टक्कर मिली, जिसमें काजोल बतौर सुपरमॉम मुख्य भूमिका में थीं। इसके बावजूद फिल्म ने रिलीज के दिन लगभग 2 करोड़ रुपए कमाए और पंजाबी सिनेमा में इसे पसंद किया गया तथा यूनाइटेड किंगडम में भी यह फिल्म लंबे समय तक चली।

इसलिए यह सिर्फ एक फिल्म नहीं थी, बल्कि इसे देखनेवाले हर व्यक्ति में एक भावना पैदा हो गई थी। यही कारण है कि गुरप्रीत घुग्गी एवं कपिल शर्मा ने इस विषय को छूने का फैसला किया; क्योंकि असल

जीवन में यह हर घर की कहानी थी, जहाँ माता-पिता की उम्मीदें और बच्चे का सपना मैराथन के साथ-साथ चलता है।

कपिल इस मामले में भाग्यशाली थे कि उनके पिता ने उनकी मंच प्रतिभा पर गौर किया था और उन्हें कभी हतोत्साहित नहीं किया। लेकिन समाज में बच्चे की उपलब्धियों को एक प्रतिष्ठा के प्रतीक के रूप में रखने के विचार को कपिल शर्मा और गुरप्रीत घुग्गी ने कथानक के संदेश के तौर पर खत्म करने की मंशा रखी थी।

एक तरफ जहाँ हिंदी सिनेमा ने कहीं-न-कहीं हर छात्र के जीवन में आनेवाले इस परिदृश्य को स्वीकार किया है, पंजाबी सिनेमा ने कपिल की फिल्म से पहले तक इस तरह के क्लासिक, लेकिन मौजूँ विषयों पर काम नहीं किया था और इसलिए वे 'सन ऑफ मंजीत सिंह' के रूप में समाज के सामने कुछ अच्छा विषय लेकर आए।

एक तरफ जहाँ हिंदी सिनेमा ने कहीं-न-कहीं हर छात्र के जीवन में आनेवाले इस परिदृश्य को स्वीकार किया है, पंजाबी सिनेमा ने कपिल की फिल्म से पहले तक इस तरह के क्लासिक, लेकिन मौजूँ विषयों पर काम नहीं किया था और इसलिए वे 'सन ऑफ मंजीत सिंह' के रूप में समाज के सामने कुछ अच्छा विषय लेकर आए।

विक्रम ग्रोवर के निर्देशन का आनंद, धीरज रतन एवं सुरमीत मावी की पटकथा ने पंजाबी सिनेमा में एक ट्रेंड सेट कर दिया। फिल्म 12 अक्तूबर, 2018 को रिलीज हुई। 'के 9 फिल्म्स' की पहली पंजाबी फिल्म को सेवन कलर मोशन पिक्चर्स का भी साथ मिला, जिसमें सुरेंदर सोढ़ी और दर्शन उमंग के निर्देशन ने ऐसा शानदार बैकग्राउंड स्कोर किया, जिसकी आभा को आप वाकई मिस नहीं करना चाहेंगे। उन्होंने पंजाबी सिनेमा की गतिशीलता के लिए बेहतर वर्जन प्रदान किया है।

एंग्री बर्ड्स मूवी 2

जीवन में प्रयोगधर्मी होना कभी भी कठिन काम नहीं होता, बशर्ते आप उसके लिए पूरी तरह तैयार हों। किसी नई चीज को आजमाने के लिए कोई सटीक उम्र नहीं होती; क्योंकि विकास एक निरंतर चलनेवाली प्रक्रिया है, जिसके साथ हम अपने जीवन के आखिरी पड़ाव तक चल सकते हैं और अगर हम जीवन के साथ नई राह चुनने की कोशिश नहीं करते हैं तो शायद हम अपनी आत्मा को किसी खाँचे में रखने की बजाय समय से काफी पहले ही मृतप्राय कर बैठेंगे। हमारी छलाँग सटीकता के लिए नहीं होनी चाहिए, क्योंकि सटीकता का कुल जमा लब्बोलुआब यह होता है कि फिर विकास रुक जाता है; लेकिन प्रगति की छलाँग हमारी उपलब्धियों में और सितारे जोड़ती जाती है।

कपिल शर्मा के बारे में यही चीज सराहनीय रही है, जो उनके साथ टिकी हुई है।

उनके लिए महज एक कॉमिक मेगास्टार, एक एक्टर और एक प्रोड्यूसर होना ही काफी नहीं था, जिससे उनकी नसों में दौड़ रहा लहू संतुष्ट हो जाता। इसलिए उन्होंने एक बार फिर वर्ष 2019 में अपनी बाँहें चढ़ाईं और रोवियो एंटरटेनमेंट के 'एंग्री बर्ड्स सीरीज' में एक डबिंग स्टार के रूप में खुद को ढाला।

उनके लिए महज एक कॉमिक मेगास्टार, एक एक्टर और एक प्रोड्यूसर होना ही काफी नहीं था, जिससे उनकी नसों में दौड़ रहा लहू संतुष्ट हो जाता। इसलिए उन्होंने एक बार फिर वर्ष 2019 में अपनी बाँहें चढ़ाईं और रोवियो एंटरटेनमेंट के 'एंग्री बर्ड्स सीरीज' में एक डबिंग स्टार के रूप में खुद को ढाला। यह वाकई कपिल की दुनिया के लेआउट के हिसाब से नई चीज थी; लेकिन वे इस दिशा में आगे बढ़े, क्योंकि कहीं-न-कहीं वे इसके चरित्र

'रेड' से खुद को जोड़ पा रहे थे।

'द एंग्री बड्र्स' सीरीज में 'रेड' एक अकथनीय हीरो है, लेकिन अमूर्त रूप से वह बिना कुछ किए-धरे खुद को हर तरह की समस्याओं में घिरा पाता है और फिर फीनिक्स पक्षी की तरह हर एक परेशानी में से निकलकर वापसी करता है और पहले से और ज्यादा चमकदार हो जाता है। शायद हम सबको खुद के साथ जोड़े जा सकनेवाले रेड से यही सबक सीखना चाहिए—हर बार जब भी आप समस्याओं में घिरें तो यह न समझें कि बीच मझधार में आपको कुछ हो जाएगा, क्योंकि इससे यही संदेश जाएगा कि आप पहले ही हिम्मत हार गए हैं। इसकी बजाय खुद को मझधार में घिरने दें, फिर दोबारा खुद को उठाएँ, अपने ऊपर चढ़े धूल के गुबार को झाड़ें, अपने नए पंख तैयार करें और एक बार फिर से उड़ान भरें; क्योंकि जीवन में विकास का और बेहतरी की ओर जाने का यही एकमात्र तरीका है।

> ***'द एंग्री बड्र्स' सीरीज में 'रेड' एक अकथनीय हीरो है, लेकिन अमूर्त रूप से वह बिना कुछ किए-धरे खुद को हर तरह की समस्याओं में घिरा पाता है और फिर फीनिक्स पक्षी की तरह हर एक परेशानी में से निकलकर वापसी करता है और पहले से और ज्यादा चमकदार हो जाता है।***

'द एंग्री बड्र्स 2' मूवी एक कंप्यूटर एनिमेटेड कॉमेडी फिल्म है, जो कि इसी नाम के एक गेम पर आधारित है। इस वीडियो गेम सीरीज को कोलंबिया पिक्चर्स, रोवियो एनिमेशन एवं सोनी पिक्चर्स एनिमेशन ने थुरॉप वैन ऑर्मान के निर्देशन और पीटर एकरमैन, ईयल पॉडेल तथा जोनाथन ई. स्टीवर्ट की स्क्रीनप्ले लाइन पर प्रोड्यूस किया है, जिसमें हेटॉर परेरा ने बैकग्राउंड साउंड गिमिक्स से निर्विवाद तौर पर कठिन प्रयास किया है।

एनिमेशन की दुनिया से जुड़ने के बाद एक इंटरव्यू में कपिल ने कहा था कि किस तरह एनिमेशन अपने हिंदी वर्जन में बेहद कठिन काम है, खासतौर पर वॉयसओवर, क्योंकि ये मूल रूप से दुनिया में पहले कहीं और तैयार किए जाते हैं और उसके बाद एनिमेशन को उस डब सेट के आधार पर तैयार किया जाता है। लेकिन जब यह एनिमेशन अन्य भाषाओं वाले देशों में आता है, तब एनिमेशन के हिसाब से वॉयसओवर का काम होता है, जिसके चलते ग्राफिक्स के मुताबिक सिंक्रोनाइजेशन और भी मुश्किल काम हो जाता है, क्योंकि डब की हुई आवाजों के मुताबिक ग्राफिक्स नहीं बदले जा सकते हैं।

हिंदी वर्जन में कपिल को 'रेड' की भूमिका दी गई और कीकू शारदा को 'लिओनार्ड' का रोल दिया गया, जबकि अर्चना पूरन सिंह ने 'जेटा' के किरदार को अपनी आवाज दी। यह हास्यपूर्ण सार के आधार पर था, जिसे इन प्रसिद्ध आवाजों को दर्शकों के भीतर जोड़ा गया है।

हिंदी वर्जन में कपिल को 'रेड' की भूमिका दी गई और कीकू शारदा को 'लिओनार्ड' का रोल दिया गया, जबकि अर्चना पूरन सिंह ने 'जेटा' के किरदार को अपनी आवाज दी। यह हास्यपूर्ण सार के आधार पर था, जिसे इन प्रसिद्ध आवाजों को दर्शकों के भीतर जोड़ा गया है। दरअसल, कपिल की आवाज न केवल हास्य को ऊँचाई प्रदान करती है, बल्कि स्क्रिप्ट में हालात के मुताबिक उतार-चढ़ाव भी रखती है, जिससे भारतीय दर्शकों के लिए एंग्री बर्ड्स की दुनिया और भी चटपटी हो गई। यह फिल्म 23 अगस्त, 2019 को अंग्रेजी, हिंदी, तमिल और तेलुगू में रिलीज हुई।

यह कुछ ऐसा नहीं था कि चिड़ियों का चिड़ियाँ पीछा कर रही हों, बल्कि वीडियो गेम 'एंग्री बर्ड्स' के साथ एक नजदीकी जुड़ाव लिये हुए

थी। इसलिए जबरदस्त सिनेमैटोग्राफी के साथ 'एंग्री बर्ड्स' की पहली फिल्म के आने के साथ ही दूसरा सीक्वल अभी पहले के संस्करण की तुलना में बेहतर रहा। इस फिल्म में 'रेड' को चक और बॉम्ब के साथ बर्ड आइलैंड की रक्षा करते हुए दिखाया गया है, जबकि राज करनेवाले 'किंग लिओनार्ड' के साथ पिग्स को पिगी आइलैंड के पुनर्निर्माण के बाद प्रैंक करते हुए दिखाया गया है। जल्दी ही 'जेटा', जो कि ईगल आइलैंड का लीडर है, वह पिगी आइलैंड को निशाना बनाकर स्नो बॉल से शूटिंग का गेम खेलने लगता है, क्योंकि उसकी इच्छा है कि अपने बर्फ से जमे आइलैंड से छुटकारा पाकर एक अन्य इलाके पर कब्जा किया जाए और इसलिए इस हमले को जायज ठहराया जाता है और 'लिओनार्ड' की पहल पर बर्ड आइलैंड के साथ शांति समझौता होता है।

जल्दी ही यह युद्ध स्वार्थी छुटकारे, प्रेम, जीवन और हर चीज के एक फेज का गवाह बनता है। इस तरह, कहानी तीन अंडे सेनेवालों से शुरू होती है, जो आपके अपार्टमेंट में थे या अपना रास्ता खो चुके हैं और इसलिए हमारी मदद चाहते हैं।

जल्दी ही यह युद्ध स्वार्थी छुटकारे, प्रेम, जीवन और हर चीज के एक फेज का गवाह बनता है। इस तरह, कहानी तीन अंडे सेनेवालों से शुरू होती है, जो आपके अपार्टमेंट में थे या अपना रास्ता खो चुके हैं और इसलिए हमारी मदद चाहते हैं। आश्चर्यजनक तौर पर, कुछ इस तरह से कहानी का अंत भी होता है, जिसमें वे तीन अंडे एक बार फिर चहलकदमी शुरू करते हैं और समुद्र में पहुँच जाते हैं।

फिल्म के मूल सार 'रेड', 'जेटा' और 'लिओनार्ड' को अपनी आवाज दी थी—जैसन सुडीकिस, बिल हैडर तथा लेसली जोन्स ने और यहीं से हर दृश्य व डायलॉग के पीछे से भावनाएँ बदलनी शुरू हो जाती हैं।

फिल्म का म्यूजिक पार्ट भी जबरदस्त हिट रहा, जिसमें केशा द्वारा 'बेस्ट डे', बोनी टायलर द्वारा 'होल्डिंग आउट फॉर दिस हीरो', एरिक कारमेन द्वारा 'ऑल बाय माईसेल्फ', जिमी बफेट द्वारा 'मार्गरीटाविले', सारा मैकलाचन द्वारा 'एंजेल', मिनी रिपर्टन का गाया 'लविन यू' खास रहे। डेविड बॉवी द्वारा 'स्पेस ऑडिटी', डीजे स्नेक और लिल जॉन द्वारा 'टर्न डाउन फॉर व्हाट', पाउला कॉल का 'आई डोंट वांट टू वेट', सर्वाइवर का गाया 'आई फॉर द टाइगर', पिटबुल का गाया 'फायरबॉल', पिंकफॉन्ग द्वारा 'बेबी शार्क', लियोनेल रिची का गाया 'हैलो', राइट सैड फ्रेड का गाया 'आई एम टू सेक्सी', यूरोप का गाया 'द फाइनल काउंटडाउन', द टर्टल का गाया 'हैप्पी टुगेदर' तथा कई अन्य संस्करण, जो सफलता के शिखर पर नजर आए।

इसे कुछ इस तरह से नहीं बताया जा सकता कि यह एक ऐसे रूप में परिवर्तित हुआ कि सब अच्छा हो गया, लेकिन इसे आप सभी से दूर करने के लिए इसका इस्तेमाल नहीं करना चाहते। अनुपात जान-बूझकर एक साथ रखा गया था, क्योंकि धारणा मौजूद है और अंत में, आँकड़ों के परिवर्तन से अवहेलना की जा रही है और इसलिए 15.47 करोड़ डॉलर की खाता होल्डिंग्स पर खुलासा हुआ है।

अतः खबर पर स्वयं ही फैसले की खिंचाई करते हुए उन्होंने एक मुसकान बिखेरी और अपने बैकपैक में सहेज रखी ठहाकों की लहर बिखेर दी। फिल्म के साथ नशे में धुत्त दुनिया की सटीक खुशहाली के साथ ये चीजें और भी खूबसूरत हो गईं।

खबर पर स्वयं ही फैसले की खिंचाई करते हुए उन्होंने एक मुसकान बिखेरी और अपने बैकपैक में सहेज रखी ठहाकों की लहर बिखेर दी। फिल्म के साथ नशे में धुत्त दुनिया की सटीक खुशहाली के साथ ये चीजें और भी खूबसूरत हो गईं।

प्रीमियर वाली रात कार्यक्रम में कपिल अपनी पत्नी व माँ के साथ मुसकान बिखेरते हुए पहुँचे, जहाँ तमाम सेलिब्रिटीज और 'द कपिल शर्मा शो' का पूरा परिवार, जिसमें कीकू शारदा अपनी पत्नी व तीन बच्चों को लेकर पहुँचे थे, रॉशेल राव सीकेरा के साथ और अर्चना पूरन सिंह अपने पति परमीत सेठी के साथ आई थीं। कार्यक्रम में कृष्णा अभिषेक अपनी पत्नी कश्मीरा शाह और दो प्यारे बच्चों के साथ पहुँचे, धीरज धूपड़ एवं अंजुम फकीह और अंत में दिग्गज 'बिग बॉस 11' के दंपती बंदगी कालरा एवं पुनीश शर्मा ने अपनी शानदार मौजूदगी दर्ज कराई।

यह फिल्म कपिल की उपलब्धि में एक और सितारे की तरह थी, जो कि सेट पर उनके पहले कदम लाफ्टर चैलेंज के शानदार हँसी-मजाक से शुरू हुआ था और इन सब में उन्होंने जो कुछ भी किया, उसके बदले उनको माता-पिता का भरपूर प्यार मिला और उन्हें गर्व की अनुभूति भी हुई।

यह फिल्म कपिल की उपलब्धि में एक और सितारे की तरह थी, जो कि सेट पर उनके पहले कदम लाफ्टर चैलेंज के शानदार हँसी-मजाक से शुरू हुआ था और इन सब में उन्होंने जो कुछ भी किया, उसके बदले उनको माता-पिता का भरपूर प्यार मिला और उन्हें गर्व की अनुभूति भी हुई। मेरा मानना है कि उनकी माँ और उनके स्वर्गीय पिता की अभिलाषा शायद ही इससे कहीं बढ़कर रही हो।

हो सकता है कि कपिल ने भविष्य में चश्मा लगाकर भविष्य में कुछ देखा हो, जो उन्हें एक गायक के रूप में आगे बढ़ा सकता है, क्योंकि उनके पास शानदार आवाज है; लेकिन सबकुछ हो जाने की कल्पना शायद ही कोई कर पाता है और सफल भी होता है। यही तो जीवन है। अवसर तब आपके दरवाजे पर दस्तक देता है, जब आप इसके लिए शायद ही तैयार रहते हैं।

दुनिया ने जो भी कपिल के सामने परोसा, उन सभी आयामों में सफर का यह विचार उनके मन में शायद ही आया हो कि जहाँ जीवन में सभी चीजें सटीक तौर पर बुनी हुई हों, जो कि कभी किसी का विचार नहीं होता; बल्कि उपलब्धि के लिए अपने रास्ते में संघर्ष करके बढ़ते चले जाना ही हर कोई सोचता है। उनको स्नेह मिला और आलोचना भी। हर चीज अपने आप में शानदार थी और फिर भी अपने-अपने तरीके से मुश्किलों से भरी हुई भी थीं। जीवन खूबसूरत रहा है और आगे बढ़ना कठिनाई से भरा भी रहा। कभी-कभी चीजें आमंत्रित की गईं तो कभी बिन बुलाए भी आ गईं। उनको हर चीज चाहिए थी और ऐसा भी था कि उन्होंने हर चीज की ख्वाहिश नहीं की थी; लेकिन चाहे कुछ भी हो, उनको खुद पर भरोसा था। उन्होंने अपने आप से और अपने आसपास के लोगों से प्रेम किया, जिन्होंने उनको विकसित होने में मदद की। वे खुश हैं और मानवता के सामान्य स्तर पर भी हैं; लेकिन किसी भी चीज ने हारने पर उनको निराश नहीं किया। कोई भी चीज उनको हार मानने के लिए मजबूर नहीं कर सकी।

> ***दुनिया ने जो भी कपिल के सामने परोसा, उन सभी आयामों में सफर का यह विचार उनके मन में शायद ही आया हो कि जहाँ जीवन में सभी चीजें सटीक तौर पर बुनी हुई हों, जो कि कभी किसी का विचार नहीं होता; बल्कि उपलब्धि के लिए अपने रास्ते में संघर्ष करके बढ़ते चले जाना ही हर कोई सोचता है।***

नई चुनौतियों के प्रति खुलेपन ने उनके लिए 'नेटफ्लिक्स' के जरिए डिजिटल डेब्यू के दरवाजे भी खोल दिए। जो लोग उन्हें तहेदिल से प्यार करते हैं, उनके लिए यह अस्पष्ट आश्चर्य की तरह सामने आया; क्योंकि यह सबकुछ क्या हो सकता है, इसके बारे में विवरण अब भी दुनिया के

सामने आना है। लेकिन हर दिन प्रयोगवादिता के चमत्कार के विचार को बनाते जाना और अपनी सीमाओं को उन्होंने जिस तरीके से आगे की तरफ धकेला है, यह कुछ ऐसा है, जिसे लेकर कहा जा सकता है कि अब उनके दिल में केवल यही विचार स्थिर है।

सफ़लता का विचार लोगों की संख्या से तय नहीं किया जा सकता कि आपको कितने लोगों ने पहचानना शुरू कर दिया है? बल्कि कुल मिलाकर, कल आप क्या थे और वहाँ से आप कितने विकसित हुए, क्योंकि उसी से पता चलता है कि आप कितने बेहतर हुए! यह कुछ ऐसा है कि आपने कल की तुलना में अपने आप से प्रेम करना कितना बढ़ा दिया है? इससे आपकी सफलता के बढ़े हुए आयाम का पता चलता है; क्योंकि बात सामने मौजूद समस्या की नहीं है, बल्कि सवाल यह भी है कि क्या पिछले साल भी वही समस्या थी और क्या उससे पहले भी ऐसा ही था?

सफलता का विचार लोगों की संख्या से तय नहीं किया जा सकता कि आपको कितने लोगों ने पहचानना शुरू कर दिया है? बल्कि कुल मिलाकर, कल आप क्या थे और वहाँ से आप कितने विकसित हुए, क्योंकि उसी से पता चलता है कि आप कितने बेहतर हुए!

दूसरे शब्दों में, यह पसंदगी की बात है कि आप कौन हैं, आप क्या हैं और हर वह चीज, जो आपने वह शख्स बनने के लिए अब तक की है, जो आज आप हैं! वहीं से आपको परिभाषित करना शुरू होता है। यह आपके हाथ में होता है कि आप अपने बारे में किस तरह की परिभाषा गढ़कर अपने नाम के साथ जोड़ना चाहते हैं? क्योंकि अगर हम वाकई नेमटैग्स पर आश्रित हैं तो कपिल शर्मा को जो हर चीज परिभाषित करती है, वह एक योद्धा के तौर पर स्थापित करती है; क्योंकि जब किस्मत आपकी तरफ नीबू फेंक

रही हो तो बेहतरी इसी में है कि उससे एक नम लेमन केक तैयार किया जाए, क्योंकि आपको भी जीवन में बेहतरीन दिनों की यादों के तौर पर खट्टे-मीठे अनुभव सहेजने हैं। यह शख्स बिल्कुल इसी चीज के लिए अब तक जाना जाता रहा है, और यहाँ तक कि अपने सर्वश्रेष्ठ स्वरूप के लिए इनाम भी पा चुका है।

□

और यह अवार्ड दिया जाता है...

जब आप गर्व और सम्मान के साथ मंच पर जाते हैं तो आपके भीतर कुछ असाधारण-सा होता है; क्योंकि आप जो कुछ भी हैं, हर उस चीज के लिए आपको पहचान मिली है और तभी हमारा जीवन एक उद्देश्य तक पहुँचता है। पहचान कभी भी तड़प नहीं रही है, बल्कि इसका संबंध उस व्यक्ति से है, जिसने इस पहचान को सहेज रखा है। यह वह व्यक्ति हो सकता है, जिसे आप लगातार देखते आए हों या लाखों चेहरे हो सकते हैं, जिनसे आप कभी न मिले हों। यह वह एक शख्स हो सकता है, जिसे लेकर आपने हमेशा यह माना हो कि आप या तो उसके जैसा बन जाएँ या अगर वह शख्स आप तक चलकर आए और केवल एक सेल्फी ही आपके साथ ले ले तो वही एक याद या एक स्पर्श आपके लिए काफी होता है।

ऐसा कहा जाता है कि आप उस दिन पूरी तरह से भर जाते हैं, जब आपकी सफलता एक दिन आपके हस्ताक्षर के रूप में अहमियत पा जाती है, जो एक ऑटोग्राफ के रूप में तब्दील हो जाती है और मैं कहीं-न-कहीं यह मानता हूँ कि यह सच है; क्योंकि कहीं-न-कहीं अंदरखाने यह एक ऐसा सफर होता है, जिस पर हम सभी अपने जीवन में गुजरना चाहते हैं, बगैर इस दुनिया को अपने हिसाब से सेट किए हुए।

एक कलाकार के तौर पर, यह दुनिया हमेशा आपकी ही रहेगी।

यह हमेशा आपका कैनवास रहेगी और इसे हमेशा आपके कठिन परिश्रम के स्ट्रोक्स का इंतजार रहेगा। किसे पता, अगला पाब्लो पिकासो वाला पल आपका ही हो! क्योंकि हो सकता है कि अपने पूरे जीवन के सबसे सटीक दौर में आप उस वक्त ही हों और एक इतिहास रचा जाने वाला हो। वह पल, जिसे आप हमेशा अपनी यादों में सहेजना चाहते होंगे, लेकिन दुर्भाग्य से, आप उसे फ्रेम नहीं करा सके, क्योंकि ऐसे लाखों पल अभी और आने बाकी हैं।

कपिल ने अपना सफर इस विचार के साथ शुरू किया था कि वे ऐसे सफलतम पलों को होस्ट करेंगे। साठवें फिल्म फेयर अवॉड्‌र्स समारोह के मौके पर वे स्टेज पर पहुँचे, जहाँ उनका केवल एक ही उद्‌देश्य था कि करण जौहर के साथ हँसी-मजाक से कार्यक्रम को आगे बढ़ाना।

कपिल ने अपना सफर इस विचार के साथ शुरू किया था कि वे ऐसे सफलतम पलों को होस्ट करेंगे। साठवें फिल्म फेयर अवॉड्‌र्स समारोह के मौके पर वे स्टेज पर पहुँचे, जहाँ उनका केवल एक ही उद्‌देश्य था कि करण जौहर के साथ हँसी-मजाक से कार्यक्रम को आगे बढ़ाना। वे एक ऐसा कद रखते हैं, जैसेकि अपने दर्शकों की सारी जिम्मेदारी उनकी ही हो! जो आत्मविश्वास उनकी मौजूदगी से मिलता है, वह किसी भी पुरस्कार समारोह में शामिल होने को मजबूर करता है और साथ ही, वह लाखों मशहूर हस्तियों के साथ पूरा होता है। फिल्मफेयर का यह संस्करण सबसे ज्यादा मजेदार था, क्योंकि वहाँ मौजूद ऐसा कोई भी शख्स नहीं था, जो इस खूबसूरत रात दिल खोलकर न हँसा हो और इसलिए कपिल शर्मा, यानी कि कॉमेडी किंग इस अवॉर्ड समारोह में दिलों को चुरानेवाले और हँसी के ठहाकों की बौछार करने में शामिल थे। कभी-कभी, कुछ मौकों पर उनकी आवाज में मौजूद हास्य के अंदाज से

ही सबकुछ पहले से और बेहतर नजर आने लगता है और कभी-कभी तो वे पल बेहतरीन हो जाते हैं।

हालाँकि, कभी-कभी यह समझना मुश्किल हो जाता है कि कपिल शर्मा कब स्टेज पर हैं और कब नहीं; क्योंकि कभी-कभी जब वे कहते हैं कि पूरा विश्व एक मंच है, तो ऐसा लगता है, मानो उन्होंने शेक्सपियर को कुछ ज्यादा ही गंभीरता से ले लिया और ऐसा इसलिए, क्योंकि उनके जिस किरदार को दुनिया पसंद करती है, वे अपने खुद के बनाए उस दायरे से बाहर आते नहीं दिखते। वे एक ऐसे व्यक्ति हैं, जिसके लिए जीवन की रील उस दिशा में तब तक आगे बढ़ती है, जब तक जीवन की हकीकत उनके लिए स्वयं भविष्य न तैयार करने लगे, जहाँ उनको भी अपने ऊपर गर्व होने लगे।

> ***एक तरफ जहाँ फिल्मफेयर अवॉड्र्स महज एक शुरुआत थी, वहीं 'सेलिब्रिटी क्रिकेट लीग' का संचालन उनके लिए एक और मजेदार पल साबित हुआ। भारतीय सिनेमा जगत् के नौ दिग्गज फिल्म उद्योगों से जुड़े सेलिब्रिटीज के साथ कपिल शर्मा ने इसका क्यूरेशन किया था।***

एक तरफ जहाँ फिल्मफेयर अवॉड्र्स महज एक शुरुआत थी, वहीं 'सेलिब्रिटी क्रिकेट लीग' का संचालन उनके लिए एक और मजेदार पल साबित हुआ। भारतीय सिनेमा जगत् के नौ दिग्गज फिल्म उद्योगों से जुड़े सेलिब्रिटीज के साथ कपिल शर्मा ने इसका क्यूरेशन किया था। इस लीग की स्थापना वर्ष 2011 में की गई थी और तब से ही भारतीय सेलिब्रिटीज एवं क्रिकेट पिच के बीच मनोरंजक तालमेल बना हुआ है। देश के समस्त सिनेमा जगत् को एक साथ लाने का विचार विष्णु वर्धन इंदूरी का था और इसलिए कपिल शर्मा ने जब चौथे सीजन में भी महफिल लूटी तो यह तय हो गया कि यह मनोरंजन का साहसी सफर साबित होगा।

इस सीजन में कलर्स टी.वी. उनका ब्रॉडकास्ट पार्टनर था और इस शो को नौ टीमों के साथ रिश्ते टी.वी. पर प्रसारित किया गया था, जिनमें अशोक खेनी के स्वामित्व वाले 'कर्नाटक बुलडोजर', सोहेल खान के स्वामित्व वाले 'मुंबई हीरोज', बोनी कपूर के स्वामित्व वाले 'बंगाल टाइगर्स', सचिन जोशी के स्वामित्व वाले 'तेलुगु वॉरियर्स', राजकुमार एवं श्रीप्रिया के स्वामित्व वाले 'केरल स्ट्राइकर्स', के. गंगा प्रसाद के स्वामित्व वाले 'चेन्नई राइनोज', मनोज तिवारी के स्वामित्व वाले 'भोजपुरी दबंग', नवराज हंस एवं पुनीत सिंह के स्वामित्व वाले 'पंजाब दे शेर' और रितेश देशमुख के स्वामित्व वाले 'वीर मराठी' अपनी पूरी ताकत एवं क्रिकेट के प्रति प्रेम के साथ शामिल हुए थे। यह सीजन कपिल शर्मा की हँसी की फुहारों के साथ दर्शकों के लिए फुल मनोरंजन साबित हुआ।

यह शख्स भारतीय उद्योग का फनी बोन है, क्योंकि ऐसा कोई नहीं है, जो वास्तव में उससे बेहतर हो सकता है। और जब मैं यह कहता हूँ तो मुझ पर भरोसा करें, क्योंकि बहुत से लोगों ने असफल प्रयास किए हैं, जब तक कि वे अपने नाम से किसी और चीज में नहीं तब्दील हो गए और जीवन में कहीं और नहीं चले गए।

यह शख्स भारतीय उद्योग का फनी बोन है, क्योंकि ऐसा कोई नहीं है, जो वास्तव में उससे बेहतर हो सकता है। और जब मैं यह कहता हूँ तो मुझ पर भरोसा करें, क्योंकि बहुत से लोगों ने असफल प्रयास किए हैं, जब तक कि वे अपने नाम से किसी और चीज में नहीं तब्दील हो गए और जीवन में कहीं और नहीं चले गए। इसलिए कपिल जो कुछ हैं, उसके लिए उनका सम्मान करना अपने आप में एक सम्मान है।

इसकी शुरुआत 'बारहवें भारतीय टेलीविजन एकेडमी पुरस्कारों'

के साथ हुई, जहाँ कपिल शर्मा को 'कहानी कॉमेडी सर्कस की' पर उनके काम के लिए सर्वश्रेष्ठ अभिनेता—कॉमेडी की श्रेणी के तहत सम्मानित किया गया।

यह आयोजन 4 नवंबर, 2012 को अंधेरी स्पोर्ट्र्स कॉम्प्लेक्स में हुआ था और इसने भारतीय टेलीविजन के कैनवास में एक प्रतिष्ठा स्थापित की है। पहली बार अवॉर्ड जीतने के बाद जो वक्तव्य दिया जाता है, वह जीवन भर के लिए एक खुशनुमा लमहे की तरह दिल में बस जाता है। यही वह एक बड़ा पल था, जहाँ से हर चीज की शुरुआत हुई।

यह आयोजन 4 नवंबर, 2012 को अंधेरी स्पोर्ट्र्स कॉम्प्लेक्स में हुआ था और इसने भारतीय टेलीविजन के कैनवास में एक प्रतिष्ठा स्थापित की है। पहली बार अवॉर्ड जीतने के बाद जो वक्तव्य दिया जाता है, वह जीवन भर के लिए एक खुशनुमा लमहे की तरह दिल में बस जाता है।

इस पल में कपिल शर्मा ने वर्ष 2013 के 'इंडियन टेलीविजन एकेडमी अवॉर्ड्र्स' का मंच संचालन किया। उनके साथ रागिनी खन्ना और करण वी. ग्रोवर भी थे। इस साल भी उन्होंने 'कॉमेडी नाइट्स विद कपिल' के लिए फनिएस्ट सीरियल एवं बेस्ट एक्टर-कॉमेडी कैटेगरी में अवॉर्ड जीता। कपिल शर्मा ने अपनी कॉमिक अदाकारी और स्वतःस्फूर्त हास्य के जरिए मौजूद दर्शकों को हँसा-हँसाकर लोट-पोट कर दिया।

इस साल भी मोस्ट एंटरटेनिंग कॉमेडी शो 'कॉमेडी नाइट्स विद कपिल' के लिए उन्हें बिग स्टार एंटरटेनमेंट अवॉर्ड से नवाजा गया। इसके बाद उन्हें 'कॉमेडी नाइट्स विद कपिल' को गोल्डेन मोमेंट (नॉन फिक्शन) कैटेगरी में 'गोल्डेन पेटल अवॉर्ड्र्स' से नवाजा गया। यह एक सीजन भी था, जिसका संचालन कपिल शर्मा ने अपने शानदार गुदगुदानेवाले टैलेंट

से अपनी मौजूदगी दर्ज कराई थी। यह कुछ ऐसा है कि अगर वे स्टेज पर हैं तो आप अपने भीतर की खुशी को ज्यादा देर तक रोककर नहीं रख सकते और किसी-न-किसी पल आपके भीतर से ठहाके फूट ही पड़ेंगे। उनका अवॉर्ड्स जीतना और साथ-ही-साथ स्टेज पर कार्यक्रम का संचालन करना उनकी सफलता का सबसे खूबसूरत चमत्कार सरीखा लगता है, जो उनकी सफलता बयाँ करता है; और अगर यह नाकाफी है तो आपको बता दें कि सी.एन.एन.-आई.बी.एन. ने इस वर्ष को एक तराशी गई स्मृति में बदलने के लिए चुना, जो किसी के लिए भी जीवन भर के लिए खुशी की बात थी।

वर्ष 2013 में सी.एन.एन.-आई.बी.एन. ने इस शख्सियत को एंटरटेनमेंट कैटेगरी में 'इंडियन ऑफ द ईयर' अवॉर्ड से नवाजने के लिए चुना। उनको यह अवॉर्ड इंडस्ट्री के ही एक अन्य बेशकीमती सितारे अमोल पालेकर ने प्रदान किया। जब वे यह अवॉर्ड लेने जा रहे थे तो उनको खुद पर विश्वास नहीं हो रहा था कि पहली ही बार में तमाम दिग्गजों को छोड़कर उनको इस अवॉर्ड के लिए चुना गया है; जबकि उन दिग्गजों में दीपिका पादुकोण, ऋतिक रोशन या फरहान अख्तर भी हो सकते थे। लेकिन तभी, उन्होंने मंच से अपनी माँ की बात सबके सामने रखी, जिन्होंने उनको इस समारोह में जाने के लिए कहा था, क्योंकि उनका मानना था कि इस दौर में आम आदमी के हाथों ही देश की पहचान बननी है और उस पल तक कपिल को वाकई अहसास नहीं हुआ था कि अब वे और ज्यादा आम शख्स नहीं रह गए हैं। यह वह साल भी

वर्ष 2013 में सी.एन.एन.-आई.बी.एन. ने इस शख्सियत को एंटरटेनमेंट कैटेगरी में 'इंडियन ऑफ द ईयर' अवॉर्ड से नवाजने के लिए चुना। उनको यह अवॉर्ड इंडस्ट्री के ही एक अन्य बेशकीमती सितारे अमोल पालेकर ने प्रदान किया।

था, जब अरविंद केजरीवाल ने राजनीति श्रेणी में 'इंडियन ऑफ द ईयर' अवॉर्ड जीता, पी.वी. सिंधु ने खेल में, राजीव बजाज ने बिजनेस, दीपिका पादुकोण ने स्पेशल अचीवमेंट, लिएंडर पेस को रमाकांत अचरेकर के साथ उल्लेखनीय उपलब्धि और दिवंगत न्यायमूर्ति जे.एस. वर्मा को 'लाइफ टाइम अचीवमेंट अवॉर्ड' से नवाजा गया। इससे एक युग चिह्नित हो गया, जिसमें पूरी रफ्तार से पहचान से जुड़ी एक नई दुनिया खुल गई, जहाँ से कपिल की दुनिया की गतिशीलता पीछे नहीं लौट सकती थी।

वर्ष 2014 में कपिल ने एक बार फिर 'इंडियन टेलीविजन एकेडमी अवॉर्ड' जीता, जो कि कॉमेडी श्रेणी में बेस्ट शो था और किंग ऑफ कॉमेडी के 'कॉमेडी नाइट्स विद कपिल' शो के लिए इसे प्रदान किया गया था।

वर्ष 2014 में कपिल ने एक बार फिर 'इंडियन टेलीविजन एकेडमी अवॉर्ड' जीता, जो कि कॉमेडी श्रेणी में बेस्ट शो था और किंग ऑफ कॉमेडी के 'कॉमेडी नाइट्स विद कपिल' शो के लिए इसे प्रदान किया गया था। इसके लिए उन्होंने ट्विटर पर दोनों अवॉर्ड्स की तसवीरें भी पोस्ट कीं और कैप्शन लिखा—'सी.एन.डब्ल्यू.के. के लिए दो आई.टी.ए. अवॉर्ड जीते···बेस्ट शो और किंग ऑफ कॉमेडी। सी.एन.डब्ल्यू.के. टीम को शुभकामनाएँ और सभी का शुक्रिया···सभी को प्यार···।'

इसके बाद उनको 'कॉमेडी नाइट्स विद कपिल' में कॉमिक रोल के लिए बेस्ट एक्टर का अवॉर्ड मिला और एक बार फिर 'मोस्ट एंटरटेनिंग रियलिटी शो कॉमेडी नाइट्स विद कपिल' के सुनहरे सफर के लिए 'बिग स्टार एंटरटेनमेंट अवॉर्ड' से नवाजा गया। इसके साथ ही उन्होंने नॉन फिक्शन कैटेगरी में मोस्ट एंटरटेनिंग जूरी/ होस्ट (टेलीविजन) के लिए अवॉर्ड जीता।

आश्चर्य की बात नहीं कि यह सूची अंतहीन-सी नजर आएगी, क्योंकि उन्होंने मनीष पॉल के साथ 'झलक दिखला जा' के लिए बेस्ट एंकर का 'इंडियन टेली अवॉर्ड' भी जीता। यह एक शानदार उपलब्धि थी, जिसे उन्होंने मनीष पॉल के साथ साझा किया, क्योंकि इस अवॉर्ड के लिए सलमान खान को भी 'बिग बॉस' के लिए नामित किया गया था, रोहित शेट्टी 'फीयर फैक्टर इंडिया' के लिए नामित थे, जय भानुशाली 'डांस इंडिया डांस सुपर मॉम्स', गौतम रोडे एवं करण वाही को 'नच बलिए' के लिए और रणविजय सिंह को 'एम.टी.वी. रोडीज' के लिए नामित किया गया था।

> ***जिस तरह से कपिल ने खुद को दुनिया के सामने पेश किया है, उससे काफी निराशा हुई है। हमारे भीतर गुदगुदी करके हमें हँसी के मैराथन पर भेज देना, जहाँ हमारी हँसी हमारे नियंत्रण से भी बाहर हो जाती है, उन्हें ऐसा करते देखना खूबसूरत अहसास होता है।***

जिस तरह से कपिल ने खुद को दुनिया के सामने पेश किया है, उससे काफी निराशा हुई है। हमारे भीतर गुदगुदी करके हमें हँसी के मैराथन पर भेज देना, जहाँ हमारी हँसी हमारे नियंत्रण से भी बाहर हो जाती है, उन्हें ऐसा करते देखना खूबसूरत अहसास होता है। ऐसा हमने कभी देखा ही नहीं कि वे कभी रोशनी में सबके सामने आए हों और उनके चेहरे पर मधुर मुसकान न बिखरी हो। उनकी यह मुसकान पूरी दुनिया में पहुँच चुकी है और दुनिया भर से उनके लिए गम, खुशी, चिट्ठियाँ और प्यार उनके दरवाजे पर पहुँचते रहे हैं।

कपिल के लिए साल 2014 का समापन 'स्टार गिल्ड अवॉर्ड' के साथ हुआ, जो उनको 'कॉमेडी नाइट्स विद कपिल' के लिए बेस्ट कॉमेडी शो के लिए मिला। एक तरफ जहाँ यह शो उनके जीवन में तराशी हुई यादों की तरह सँजोया हुआ है, वहीं इस रियलिटी शो को

सबसे ज्यादा अवॉर्ड हासिल करने का रिकॉर्ड भी हासिल है और वह भी कॉमेडी के दायरे में।

2015 एक ऐसा वर्ष था, जिसमें कपिल को एक नाव से दूसरी नाव पर छलाँग लगाने में एक कठिन संतुलन कायम रखना था। विशेष रूप से नावें उनकी पहली फिल्म और 'कॉमेडी नाइट्स विद कपिल' के रूप में प्रिय शो थे और इसके साथ-साथ कहीं-न-कहीं यह भी जुड़ा हुआ था कि कपिल शर्मा ने 'प्रोड्यूसर्स गिल्ड अवॉर्ड' भी जीत रखा था, जो उन्हें बेस्ट डेब्यू परफॉर्मेंस कैटेगरी में हासिल हुआ था। ये अवॉर्ड वर्ष 2004 में शुरू हुए थे और तब से ही इनकी ख्याति बरकरार थी। जिस कैटेगरी में उन्होंने अवॉर्ड जीता था, उसे पहले 'अप्सरा अवॉर्ड फॉर मेल डेब्यू' के तौर पर जाना जाता था। यह अवॉर्ड उन्हें फिल्म 'किस किसको प्यार करूँ' के लिए दिया गया था और अदाकारी की दुनिया में उल्लेखनीय प्रवेश से अपना ध्यान खींचने के लिए उन्हें प्रदान किया गया था। इसके साथ ही, कपिल शर्मा ने एक बार फिर 'कॉमेडी नाइट्स विद कपिल' के हर एपिसोड में उल्लेखनीय काम के जरिए इसे बेस्ट कॉमेडी शो बनाने पर इंडियन टेलीविजन एकेडमी अवॉर्ड भी जीता।

अपने प्रदर्शन पर उनकी शानदार पकड़ से भरी यात्रा और मंच पर उनके द्वारा की जानेवाली हर एक मेहनत को तब और सराहना मिली, जब उन्हें कॉमेडी में अतुल्य प्रतिभा और पूरी दुनिया में एक बड़ी आबादी को हँसाने में उनके योगदान के लिए उन्हें 'वर्ल्ड बुक रिकॉर्ड ऑफ लंदन' में शामिल किया गया।

अपने प्रदर्शन पर उनकी शानदार पकड़ से भरी यात्रा और मंच पर उनके द्वारा की जानेवाली हर एक मेहनत को तब और सराहना मिली, जब उन्हें कॉमेडी में अतुल्य प्रतिभा और पूरी दुनिया में एक बड़ी आबादी

को हँसाने में उनके योगदान के लिए उन्हें 'वर्ल्ड बुक रिकॉर्ड ऑफ लंदन' में शामिल किया गया। उन्हें भारत में और भारत के बाहर सबसे ज्यादा देखे जानेवाले स्टैंडअप कॉमेडियन के तौर पर और साथ ही पशु अधिकारों को बढ़ावा देने के लिए सम्मानित किया गया। एक तरफ जहाँ यह उनके जीवन की सबसे ज्यादा जश्न वाली खबर थी, वहीं जीवन ने उन्हें कभी भी चकित करना छोड़ा नहीं।

'फोर्ब्स इंडिया सेलिब्रिटी 100' की सूची में लगातार छह बार शामिल होकर उन्होंने जीवन का सबसे बड़ा धमाका किया। वर्ष 2017 में 48 करोड़ की कमाई के साथ वे अठारहवें पायदान पर रहे। वर्ष 2016 में 30.17 करोड़ की कमाई के साथ वे इस सूची में ग्यारहवें नंबर पर थे। 2015 में कपिल की आमदनी 15 करोड़ रुपए रही। 'इकोनॉमिक टाइम्स' ने साल 2015 में उनको 'मोस्ट एडमायर्ड इंडियन पर्सनैलिटी' की सूची में शामिल किया था।

> ***'फोर्ब्स इंडिया सेलिब्रिटी 100' की सूची में लगातार छह बार शामिल होकर उन्होंने जीवन का सबसे बड़ा धमाका किया। वर्ष 2017 में 48 करोड़ की कमाई के साथ वे अठारहवें पायदान पर रहे।***

यह दुनिया कपिल के लिए एक कैनवास की तरह है, जहाँ उन्होंने हमेशा समय-समय पर अपने कदमों के निशान छोड़े हैं। स्टैंडअप कॉमेडी के आइडिया को भारतीय जगत् के अस्तित्व में सामने लाकर उन्होंने लाखों दिलों को प्रेरणा दी है, मानो उनके इर्द-गिर्द रहनेवाले लाखों लोगों के जीवन को किसी और बेहतर तरीके से बेहतर किया ही नहीं जा सकता था।

वर्ष 2019 में न केवल 'वर्ल्ड बुक रिकॉर्ड' के लिए, बल्कि यह 'द कपिल शर्मा शो' के लिए भी खास रहा, जिसमें लाखों वजहों से उनकी मुसकान बरकरार रही और वे सम्मानों से नवाजे भी गए। 'द

कपिल शर्मा शो' ने अपनी नई लाइनअप से एक नया कथन भी बनाया, जिसमें कपिल का कलात्मक ट्रेडमार्क स्टाइल शामिल रहा और इसी खूबी ने दर्शकों का प्यार और भी ज्यादा बढ़ा दिया।

वर्ष 2019 के दौरान, 'इंडियन टेलीविजन एकेडमी अवॉर्ड' तो 'द कपिल शर्मा शो' को सम्मानित करते-करते थक गया या अभिभूत हो उठा, जिसमें इस शो ने बेस्ट डायरेक्टर, बेस्ट डायलॉग्स, बेस्ट एक्टर व एक्ट्रेस, बेस्ट कॉमेडी शो के लिए अवॉर्ड जीता और यह सारा जमावड़ा केवल एक शख्स की प्रतिभा की बदौलत हुआ था, जो कि और कोई नहीं, बल्कि कपिल शर्मा ही थे। उन्होंने बेस्ट एक्टर के लिए 'निकलेडियॉन्स किड्स च्वॉइस अवॉड्र्स' भी जीता।

वर्ष 2020 पूरी दुनिया के लिए उथल-पुथल से भरा रहा, फिर भी कपिल शर्मा शो जारी रहा, क्योंकि दर्शकों ने घर बैठकर पुराने टेलीकास्ट देखना भी पसंद किया। मेरा मानना है कि 'रामायण' और 'महाभारत' के री-टेलीकास्ट के साथ-साथ मिलेनियल ने इस शो को भी चुना, जिसके चलते इसे बेस्ट कॉमेडी शो की श्रेणी में 'प्रोड्यूसर्स गिल्ड फिल्म अवॉड्र्स' से सम्मानित किया गया।

वर्ष 2020 पूरी दुनिया के लिए उथल-पुथल से भरा रहा, फिर भी कपिल शर्मा शो जारी रहा, क्योंकि दर्शकों ने घर बैठकर पुराने टेलीकास्ट देखना भी पसंद किया। मेरा मानना है कि 'रामायण' और 'महाभारत' के री-टेलीकास्ट के साथ-साथ मिलेनियल ने इस शो को भी चुना, जिसके चलते इसे बेस्ट कॉमेडी शो की श्रेणी में 'प्रोड्यूसर्स गिल्ड फिल्म अवॉड्र्स' से सम्मानित किया गया। इसके साथ ही इस शो को बेस्ट कॉमेडी शो, बेस्ट डायरेक्टर के साथ ही कपिल शर्मा को कॉमेडी जीनियस के अलावा तमाम और निजी सम्मानों

के साथ-साथ 'बेस्ट एक्टर इन कॉमिक रोल' के अवॉर्ड से भी सम्मानित किया गया।

इसलिए कॉमेडी एवं मंच संचालन के क्षेत्र के इस मास्टर ब्लास्टर के लिए दुनिया अच्छी, विनम्र और उत्साह से भरी हुई थी और चुटकुले कहने की अपनी वाक्पटुता तथा सधी हुई टाइमिंग की कलात्मक खूबी को उन्होंने इस दुनिया को पहले की तुलना में और बेहतर जगह बनाने में इस्तेमाल किया।

इसलिए कॉमेडी एवं मंच संचालन के क्षेत्र के इस मास्टर ब्लास्टर के लिए दुनिया अच्छी, विनम्र और उत्साह से भरी हुई थी और चुटकुले कहने की अपनी वाक्पटुता तथा सधी हुई टाइमिंग की कलात्मक खूबी को उन्होंने इस दुनिया को पहले की तुलना में और बेहतर जगह बनाने में इस्तेमाल किया।

भौतिकवादी दायरा आपको गर्व का अहसास तो दिला सकता है, लेकिन यह आपको कभी भी अपनेपन का अहसास नहीं कराता। वे अपने अस्तित्व का चारित्रिक स्केच नहीं हो सकते और इसलिए, हर बार जब भी आप यह मानें कि आप किसी शख्स को जानते हैं तो एक बार फिर सोचिएगा, क्योंकि उसकी जिंदगी के ढेर सारे पन्ने ऐसे हो सकते हैं, जो चिपके हुए हों, फटे हुए या तोड़े-मरोड़े गए हों या उन हिस्सों का किताब में जिक्र ही न हुआ हो। उन पन्नों के खुलने तक का इंतजार करिए, जो बीते हुए कल की तुलना में और ज्यादा उभरकर सामने आएँ। तब आकलन कीजिएगा।

इन सारी बातों का लब्बोलुआब यह तसवीर बनाना नहीं कि वे क्या थे, बल्कि यह उभारना है कि उन्होंने क्या किया और जीवन में क्या हासिल किया! पुरस्कार और पहचान आपको जीवन में वह सम्मान व प्रेम नहीं खरीदकर दे सकते, जिसे आप दैनिक आधार पर अपने प्रशंसकों

से पाते हैं, जिसके लिए उनका मर्तबान हमेशा भरा-पूरा और प्रेम से भरपूर नजर आता है। लेकिन कभी-कभी वह भी काफी नहीं पड़ता, क्योंकि प्यार एक भावना है, जिसे केवल एक के हाथों पर बेहतर महसूस किया जा सकता है और वह जीवन को सबसे अच्छे संस्करण में ले जाता है, जो कि पूरी तरह व्यक्तिगत होता है और इसने कपिल के साथ जीवन की एक और विस्मरण यात्रा शुरू की।

□

हमेशा के लिए खुशहाल

यह कहानी है संघर्ष की; विफलता, सफलता और फिर से प्रयास करने की। यह उन उपलब्धियों के बारे में भी है, जो इनसान को समय के साथ और बेहतर बनाती हैं। इसमें मिठास भी है एवं चटपटापन भी और कुल मिलाकर, हर चीज अच्छी है; लेकिन एक समय के बाद यह अपनी चमक खो देती है, जो इसे आगे बढ़ने के लिए प्रेरित करती रहती है। प्रेम किए जाने का सौभाग्य और साथ ही आश्वस्ति का हाथ, जो हमें सिखाता है कि जरूरत के समय हर चीज एक बार फिर बेहतर हो जाएगी, जीवन में ऊपर की ओर उछालते हुए वह हाई-फाइव देती है और वही है, जो जरूरत से ज्यादा बोझिल जीवन से आपको बाहर खींचती है और आपको सुकून प्रदान करती है।

हालाँकि, यह वास्तव में वैसी नहीं है, जैसी शुरू होती है।

प्रेम का विचार एक चरण से दूसरे में विकसित होता है। यह किसी कक्षा में आखिरी बेंच पर मेज के नीचे हाथों में हाथ लिये बैठे होना हो सकता है, जिसमें बस, इतना ही कहना काफी है कि आप भी प्रेम में दिलचस्पी रखते हैं या केवल इतना भर कहना कि अमुक शख्स में आपकी दिलचस्पी है। यह एक कोल्ड-ड्रिंक की बात भी हो सकती है, जो आप कॉलेज की कैंटीन में साझा करते हैं या वह एक ऐसा भी हो सकता है, जो आपको चर्च की सीटों के बीच से खींचते हुए उस ओर ले

जाए, जहाँ से हमेशा के लिए खुशियाँ शुरू होती हैं। इस तरह, आपका प्रेम मेरे प्रेम से पूर्णतया भिन्न हो सकता है, जैसेकि यह कपिल शर्मा एवं गिन्नी चतरथ के साथ हुआ।

गिन्नी और कपिल की मुलाकात कॉलेज के थिएटर में ऑडिशन के दौरान हुई। गिन्नी जालंधर में हंसराज महिला महाविद्यालय से थीं, जबकि कपिल एपीजे कॉलेज के स्कॉलरशिप छात्र थे, क्योंकि थिएटर में उनको राष्ट्रीय पुरस्कार मिला था। वे गिन्नी के कॉलेज में एक नाटक के ऑडिशनिंग के लिए गए हुए थे, जिसे निर्देशित करने की उनकी योजना थी। दूसरी ओर, गिन्नी तैयारी कर रही थीं गिद्दा (एक पंजाबी नृत्यकला) की। उनके शिक्षक ने उनको नाटक के लिए भी ऑडिशन देने पर जोर दिया। तब वे महज 19 साल की थीं और कपिल 24 साल के थे। गिन्नी को नहीं पता था कि ऑडिशन के जरिए वे कपिल के जीवन में भी बराबर चहलकदमी करने जा रही थीं। कपिल को गिन्नी की परफॉर्मेंस पसंद आई। इसलिए, समय गुजरने के साथ थिएटर में जीवन के नाटकीय घटनाक्रम के दौरान दोनों के बीच आकर्षण की खुशबू ने खिलना शुरू किया।

> ***गिन्नी और कपिल की मुलाकात कॉलेज के थिएटर में ऑडिशन के दौरान हुई। गिन्नी जालंधर में हंसराज महिला महाविद्यालय से थीं, जबकि कपिल एपीजे कॉलेज के स्कॉलरशिप छात्र थे, क्योंकि थिएटर में उनको राष्ट्रीय पुरस्कार मिला था।***

जालंधर की गिन्नी या भवनीत चतरथ अपने परिवार की सबसे बड़ी बेटी थीं, जिन्हें लेकर विचार यह था कि वे अपने आप में नन्ही चमत्कार जैसी थीं। जब से वे कपिल से मिली थीं, तब से ही अभिभूत थीं। उन्होंने फाइनेंस में एम.बी.ए. कर रखा था और अपने पिता के कारोबार की अंतर्दृष्टि रखती थीं। समय गुजरने के साथ उनके अंदर कपिल की

थिएटर कला के प्रति दिलचस्पी पैदा हुई और वे उनके हँसी-मजाक की कला की प्रशंसक बन गईं। किसी-न-किसी तरह हम उन लोगों की तरह होना चाहते हैं, जो हमें खुश रहने की कोई वजह देते हैं और बिल्कुल यही काम कपिल करते थे। जब भी वे अनमनी होतीं तो वे उनको हमेशा खुश कर देते थे। वे उनका उत्साह बढ़ा देते और इसी चीज ने उनके भीतर कपिल के प्रति और दिलचस्पी पैदा की।

प्यार की वास्तव में कभी भी विश्वास करनेवाली कहानी नहीं रही है और ऐसा ही गिन्नी व कपिल के साथ भी हुआ था। जब कपिल के दोस्तों ने उन्हें बताया कि गिन्नी उनको कितना पसंद करती है, तो उन्होंने सारी संभावनाओं को दरकिनार करने की कोशिश की कि वह सभी संभावनाओं को खत्म कर देगा, क्योंकि उसने वास्तव में खुद को उनके लिए सही नहीं पाया।

प्यार की वास्तव में कभी भी विश्वास करनेवाली कहानी नहीं रही है और ऐसा ही गिन्नी व कपिल के साथ भी हुआ था। जब कपिल के दोस्तों ने उन्हें बताया कि गिन्नी उनको कितना पसंद करती है, तो उन्होंने सारी संभावनाओं को दरकिनार करने की कोशिश की कि वह सभी संभावनाओं को खत्म कर देगा, क्योंकि उसने वास्तव में खुद को उनके लिए सही नहीं पाया। बस, खुद को आश्वस्त करने के लिए उन्होंने इस बारे में उनसे खासतौर पर पूछा तो गिन्नी ने इनकार कर दिया। उनके लिए एक तरह से यह स्पष्ट ही था, भले ही कहानी थोड़ी अलग थी। कपिल ने अगला कदम बढ़ाते हुए 'हँसदे हँसांदे रावो' और उसके बाद 'द लाफ्टर चैलेंज' के लिए प्रयास किया; लेकिन पहली बार खारिज होने पर वे इस कदर निराश हुए कि उनकी किसी से बात करने की इच्छा ही नहीं रह गई। इसलिए, उन्होंने आगे बढ़कर गिन्नी को दोबारा कभी

उनको फोन करने के लिए मना कर दिया, क्योंकि वे खुद इस बात से आश्वस्त थे कि वे दोनों एक-दूसरे के लिए सही चयन नहीं थे, जो कि व्यावहारिक आधार पर उन्होंने आँका था। उधर गिन्नी के पास स्थायी आमदनी का मजबूत जरिया मौजूद था और वे कपिल की तरह जीवन की कठोर सच्चाई का सामना नहीं कर रही थीं।

जो लोग एक-दूसरे को पसंद करते हैं, उनके बीच जीवन को लेकर एक खास तरह की समझ होती है। कभी-कभी वे शायद यह महसूस करते हैं कि कठिन समय से बाहर निकालने में प्रेम काफी होगा; लेकिन कभी-कभी जो चीज वे भूल जाते हैं। वह यह कि नाव के खेवनहार के पास नाव को आगे बढ़ाने के लिए जरूरी ईंधन किस वस्तु के बदले उपलब्ध होगा, जब प्रेम उसे कई गुना नहीं बढ़ा सकेगा। इसलिए व्यावहारिक प्रेम के देवता के हाथों शिकार कपिल ने गिन्नी से सभी संबंध तोड़ लिये और यह सिलसिला दिल्ली में हुए अगले ऑडिशन तक चला, जहाँ उन्होंने अपने अंदाज में ठहाकों का समा बाँध दिया और गिन्नी ने उन्हें दोबारा फोन करके बधाई दी।

> ***जो लोग एक-दूसरे को पसंद करते हैं, उनके बीच जीवन को लेकर एक खास तरह की समझ होती है। कभी-कभी वे शायद यह महसूस करते हैं कि कठिन समय से बाहर निकालने में प्रेम काफी होगा; लेकिन कभी-कभी जो चीज वे भूल जाते हैं।***

एक तरह से कपिल ने जिस तरह से वर्क-लाइफ बैलेंस कायम किया है, यह चीज हमेशा उन्हें अभिभूत किए रहती है। यहाँ तक कि अपने स्नातक के दिनों में भी वे अपने काम को सफलतापूर्वक खींचकर आगे ले गए। थिएटर और घर के लिए उनके योगदान ने गिन्नी को अंदर से काफी प्रभावित किया था। उन्होंने न केवल कपिल के हर अंश को सराहा, बल्कि हर चीज का सम्मान किया; क्योंकि वे जानती थीं कि कैसे

कपिल के सपनों को पूरा करने और जिस ऊँचाई पर वे थे, वहाँ तक पहुँचने में सहयोग देने के लिए कोई साथ नहीं था और इसलिए, उन्होंने अपने जीवन के लिए अगली पंक्ति की सीट चुनी और वहाँ से उन दोनों के लिए हर चीज बदल गई।

प्यार एक ऐसा सफर है, जिसे आप नहीं चुनते, बल्कि आप उस ओर चल पड़ते हैं। इसमें आपके लिए यह जरूरी होता है कि आप उम्मीद का दामन न छोड़ें, जो इस दुनिया को हर उस चीज से लबरेज कर देती है, जिसमें भी आपका भरोसा होता है। यह आपको उन पलों में भी विश्वास कायम करा देता है, जिनका वास्तव में अस्तित्व नहीं होता; लेकिन वे चीजें आपके दिमाग में गहनता से महसूस होती हैं कि आपको वे सब चाहिए। यह ऐसा जादू होता है, जिसे हम सच करना चाहते हैं। पेट में वह गुदगुदी होती है। वह महज अनुमान नहीं होता, बल्कि वह वास्तव में आपको महसूस होती है। गिन्नी और कपिल को अभी उस बिंदु पर पहुँचना था; लेकिन ऐसा विश्वास करना कि यह वाकई हकीकत बनेगा, यह बेहद खूबसूरत लमहे की तरह नजर आने लगा था।

प्यार एक ऐसा सफर है, जिसे आप नहीं चुनते, बल्कि आप उस ओर चल पड़ते हैं। इसमें आपके लिए यह जरूरी होता है कि आप उम्मीद का दामन न छोड़ें, जो इस दुनिया को हर उस चीज से लबरेज कर देती है, जिसमें भी आपका भरोसा होता है।

वह साल 2009 था, जब गिन्नी चतरथ ने कपिल शर्मा के साथ 'हँस बलिये' शो में पहली बार स्क्रीन साझा किया था। शो के पीछे कॉन्सेप्ट यह था कि असल जीवन के दंपतियों को एक मंच प्रदान किया जाए, जहाँ वे स्टैंडअप कॉमेडी के अपने हुनर के जलवे बिखेर सकें। इस शो की जज थीं एक्ट्रेस करिश्मा कपूर, मशहूर निर्देशक डेविड धवन

और इसका संचालन करते थे गौरव गेरा एवं सुनील ग्रोवर। इसमें कुछ और सेलिब्रिटी दंपती, जैसे—तनाज ईरानी व बख्तियार ईरानी, दिलनाज ईरानी व राजीव पॉल, जुही परमार व सचिन श्रॉफ, 'साराभाई वर्सेज साराभाई' से चर्चित राजेश कुमार एवं उनकी पत्नी माधवी चोपड़ा कुमार, अली मर्चेंट एवं उनकी गर्लफ्रेंड सारा खान और तमाम अन्य स्नेहमयी कलाकार शामिल थे। इसे 'स्टार वन' पर दिखाया जाता था।

हमेशा के लिए—यह एक ऐसी लाइन है, जिसमें सात जन्मों का बंधन समाहित है। अकसर हम किसी के प्रति प्रेम को हमेशा रहनेवाले विचार के तौर पर प्रदर्शित करते हैं। यह हमें उम्मीद देता है कि हम पिछले दिन की तुलना में आज थोड़ा और गहरा प्यार अपने साथी को दें, क्योंकि इसे बहुत लंबे समय तक चलना है।

'हँस बलिये' का सेट कोई ऐसी जगह नहीं था, जहाँ गिन्नी और कपिल किसी दंपती की तरह रहते हों, बल्कि वे एक-दूसरे को सह प्रतिभागियों की तरह ही देखते थे। लेकिन इन सेट्स की बदौलत ही उन्होंने महसूस किया कि उनके अंदर एक-दूसरे के लिए अहसास है और इस तरह एक ऐसी प्रेम कहानी की शुरुआत हुई, जो उनके लिए बिल्कुल अलग ही कहानी थी।

हमेशा के लिए—यह एक ऐसी लाइन है, जिसमें सात जन्मों का बंधन समाहित है। अकसर हम किसी के प्रति प्रेम को हमेशा रहनेवाले विचार के तौर पर प्रदर्शित करते हैं। यह हमें उम्मीद देता है कि हम पिछले दिन की तुलना में आज थोड़ा और गहरा प्यार अपने साथी को दें, क्योंकि इसे बहुत लंबे समय तक चलना है। आपके भीतर अपने साथी की बारीकियों को लेकर किसी तरह की हड़बड़ी नहीं रहती। आपकी ख्वाहिश केवल इतनी रहती है कि आप हर पल उनके साथ बिताएँ और वे पल उसी तरह हों, जैसे आसमान में

मौजूद तारामंडल के तारे; और आपका प्यार तारामंडल की तरह हो, जो हमेशा बरकरार रहे और इसलिए अपने प्रेम के निश्चित क्रम का अंदाजा लगाने के लिए उन्हें अत्यधिक विस्तार लेना होगा; क्योंकि प्रेम तभी अपने सर्वश्रेष्ठ रूप में होता है, जब वह अनंत होता है।

यही वह अनंत विस्तार है, जिसे शुरू करने के लिए वे प्रेम में पड़े। एक इंटरव्यू में कपिल शर्मा ने कहा था, "हमारे पास किसी तरह का डेटिंग का विकल्प नहीं था, क्योंकि हम दोनों के परिवार रूढ़िवादी हैं। पिछले साल जब मैं खराब दौर से गुजर रहा था, उन्होंने हर कदम पर मेरा साथ दिया। तभी मैंने समझा कि जब वे मेरे खराब दौर में मेरे साथ हैं तो इसका मतलब है कि ईश्वर ने उन्हें मेरे लिए भेजा है। मैं उन पर भरोसा कर सकता हूँ।"

> *प्रेम में अनंत का भाव केवल इसके विचार को बढ़ाने से नहीं आता, बल्कि इससे यह भी पता चलता है कि आप उस शख्स में कितना समय निवेश कर रहे हैं; जीवन के उतार-चढ़ाव में आप कितना उसके साथ हैं और जिस शख्स को आपने चुना है, उसे अंत तक आपको प्रेम करना है।*

प्रेम में अनंत का भाव केवल इसके विचार को बढ़ाने से नहीं आता, बल्कि इससे यह भी पता चलता है कि आप उस शख्स में कितना समय निवेश कर रहे हैं; जीवन के उतार-चढ़ाव में आप कितना उसके साथ हैं और जिस शख्स को आपने चुना है, उसे अंत तक आपको प्रेम करना है। यह पहले कहीं खत्म नहीं होता, हो सकता है कि जीवन के बाद भी, क्योंकि प्रेम का कोई अंत है ही नहीं। यह हमेशा के लिए बरकरार रहता है।

इस प्रेम कहानी को आकार लेने में चाहे जितना वक्त लगा हो, लेकिन इसमें मिले सारे रंग खूबसूरत लगते हैं। कपिल शर्मा एक ऐसे

शख्स हैं, जो प्यार के रिश्ते में होने या उनके साथ किसी का नाम जोड़े जाने के विचार से ही हमेशा सतर्क रहे हैं। लेकिन 18 मार्च, 2017 को उन्होंने बिंदास व शानदार तरीके से सारे पहलुओं को दरकिनार कर दिया और अपनी दुनिया से निकलकर असली दुनिया के सामने हाजिर हुए। उन्होंने अपना ट्विटर अकाउंट खोला और लिखा—'मेरा यह कहना ठीक नहीं होगा कि वे मेरा दूसरा बेहतर हिस्सा हैं···उन्होंने मुझे पूर्ण किया है···गिन्नी, आपको प्यार करता हूँ···कृपया उनका स्वागत करें···मैं उनसे बेहद प्यार करता हूँ।' इसके साथ ही उन्होंने अपनी और गिन्नी की तसवीर भी लगाई।

यह अजीब है कि कैसे यह सब कॉलेज के दिनों में लंच बॉक्स के साथ शुरू हुआ, जब गिन्नी अपनी माँ की मदद से कपिल के लिए कुछ बनाती थीं। उस समय के दौरान कपिल भले ही सम्मान से बाहर थे, लेकिन उनके लिए उनके दिल में जो भावनाएँ थीं, उन अहसासों की गहराई भी बगैर किसी नियम व शर्त के थी और उसे कोई भाँप नहीं सकता था।

यह अजीब है कि कैसे यह सब कॉलेज के दिनों में लंच बॉक्स के साथ शुरू हुआ, जब गिन्नी अपनी माँ की मदद से कपिल के लिए कुछ बनाती थीं। उस समय के दौरान कपिल भले ही सम्मान से बाहर थे, लेकिन उनके लिए उनके दिल में जो भावनाएँ थीं, उन अहसासों की गहराई भी बगैर किसी नियम व शर्त के थी और उसे कोई भाँप नहीं सकता था। वास्तव में, उनका धैर्य और दृढ़ता कपिल को अपनी ओर बहा ले गए।

गिन्नी ने कभी भी कपिल से अपनी भावनाओं का इजहार नहीं किया। दरअसल, वह कपिल ही थे, जो एक बार उनके पिता से खारिज किए जाने के बाद उनके साथ होने की सारी उम्मीदों को तोड़ बैठे थे,

क्योंकि उन्होंने पाया कि वे उनकी बेटी के लिए उपयुक्त नहीं थे। कपिल ने अपने जीवन पर काम किया और सफलता की सीढ़ियाँ अंतहीन नजर आने लगीं। लेकिन उस दौरान भी गिन्नी ने कभी भी कुछ ऐसा नहीं किया, जिससे लगे कि वे कपिल का ध्यान अपनी तरफ खींचना चाहती हैं। उन्होंने केवल शादी से दूरी बनाए रखने के लिए अपनी पढ़ाई को जारी रखा। लेकिन जब कपिल अपनी विफलता के न्यूनतम धरातल की तरफ जाने लगे, तब गिन्नी ने उनको एक सहयोग का स्तंभ बनकर थामा, जिन्होंने अपनी तरफ से कुछ भी नहीं खोया और जैसाकि एक कहावत भी है, 'आपके बुरे दिनों में जिसने आपका हाथ थामा, दरअसल वही एक शख्स असल में वहाँ मौजूद है।' अत: गिन्नी भी कपिल के लिए वही एक शख्स थीं।

> ***वर्ष 2016 की वह क्रिसमस की पूर्व संध्या थी, जब कपिल ने अपने लिए वैसा ही महसूस किया, वही प्रेम का विचार, जिसने उनका दरवाजा खटखटाया था। यह मानो किसी निर्विवाद खूबसूरत बदलाव की तरह नियति की तरफ से एक पन्ना पलटा जा रहा हो।***

वर्ष 2016 की वह क्रिसमस की पूर्व संध्या थी, जब कपिल ने अपने लिए वैसा ही महसूस किया, वही प्रेम का विचार, जिसने उनका दरवाजा खटखटाया था। यह मानो किसी निर्विवाद खूबसूरत बदलाव की तरह नियति की तरफ से एक पन्ना पलटा जा रहा हो। इसलिए उन्होंने गिन्नी को फोन किया और उनको बताया कि कैसे वे हमेशा के लिए उनके साथ एक होना चाहते हैं और उनसे शादी करना चाहते हैं।

गिन्नी को हमेशा भविष्य के विचार में भरोसा रहता है, क्योंकि प्रेम बहुत आसानी से आपको हरा सकता है; लेकिन अगर चीजें मन-मुताबिक नहीं चलती हैं तो उन सबसे उबरने में समय लगता है और

गिन्नी कभी भी अपने दिल का दाँव उस अंत वाले किनारे पर नहीं लगा सकती थीं। उन्होंने कपिल के रूप में एक अनमोल शख्स को पाया था, जो अत्यधिक खयाल रखनेवाले, परिवार-उन्मुख थे और उनको अपनी राह में सही व गलत के कद का बखूबी अंदाजा था। उनमें वह सबकुछ शामिल था, जो गिन्नी की ख्वाहिश थी। उन चीजों का प्रतिबिंब कपिल से मिलता था, जो उनके जीवन को खूबसूरत बना सकती थीं। उनके चरित्र में शामिल विनम्रता, जो कभी भी कम नहीं होगी, वह गिन्नी को सबसे ज्यादा आकर्षित करती थी। चुलबुलापन और मजाकिया अंदाज, जो गिन्नी के छोटे और प्यारे चेहरे पर कायम रहता था, वह केक पर मौजूद चेरी की तरह झलकता था।

साथ रहना उन दोनों का पसंदीदा स्थान था, इसलिए कपिल के सोशल मीडिया पर गिन्नी के साथ अपने संबंध के खुलासे के साल भर के अंदर उन्होंने हमेशा के लिए शादी के बंधन में बँधने का फैसला कर लिया।

साथ रहना उन दोनों का पसंदीदा स्थान था, इसलिए कपिल के सोशल मीडिया पर गिन्नी के साथ अपने संबंध के खुलासे के साल भर के अंदर उन्होंने हमेशा के लिए शादी के बंधन में बँधने का फैसला कर लिया।

यह वह पल था, जब पूरी कायनात उन दोनों को एक साथ जोड़ने के लिए एक कोने में आ खड़ी हुई थी। इसलिए 12 दिसंबर, 2018 को इस निहायत ही प्यारे जोड़े ने ईश्वर को साक्षी मानकर खुद को पवित्र बंधन में बाँध लिया। उनके मित्र और परिवार के सदस्य भी इस सुनहरे पल के गवाह बने। यह शादी हिंदू और सिख परंपराओं के अनुसार हुई। डूम्स-डे के लिए कबाना स्पा और रिजॉर्ट्स को कार्यक्रम स्थल के तौर पर चुना गया था।

कपिल की शानदार हरे रंग की शेरवानी गिन्नी की लाल व गोल्डन

लहँगे से सटीक रूप से मेल खा रही थी। वह रात भी इस सर्वाधिक खूबसूरत जोड़े की खुशी की गवाह थी। डिजाइनर-द्वय रिंपल और हरप्रीत नरूला ने कपिल शर्मा एवं गिन्नी चतरथ को खूबसूरत बनाने में कोई कसर नहीं छोड़ी थी। उन्होंने हैंड-प्रिंटेड पिचवाई में मथुरा के घाटों को जीवंत कर दिया था, जो कि लहँगे के सारे फोल्ड्स पर नजर आ रहे थे। वहीं फ्रंटलाइन में नदी के किनारे का व्यू था। हाथों से बुनी स्कर्ट पर घूँघट को कश्मीरी तिल्ला, रेशम, सिप्पी एवं सूचा के जरिए बहुत खूबसूरती से उभारा गया था और साथ में ब्लाउज पर छोटे-छोटे चौखानों वाले डब्बी जाल को उभारा गया था, जिसका आइडिया मुगल झरोखे और महीन घूँघट दुपट्टे से लिया गया था। वहीं दूसरी ओर, गिन्नी के लहँगा-स्केप पर क्लासिक ग्रीन सटीक तौर पर पत्ते के रंग से मेल खा रहा था। उनकी इस पोशाक ने न केवल शादी के दिन उनको और खूबसूरती दे दी, बल्कि उनके पहनावे में जो शाही अंदाज झलक रहा था, उसे भी लोग गौर जरूर कर रहे थे।

आनंद कारज के दिन 13 दिसंबर को कपिल ने पुनीत अरोड़ा की तैयार की गई आइवरी शेरवानी पहनी, जिस पर कनिका कुमरिया ने फूलों से शानदार डिजाइन तैयार की थी। बेइंतहाँ खूबसूरत गिन्नी शानदार मोटिफ्स से लकदक एक और लहँगे में जबरदस्त लग रही थीं।

आनंद कारज के दिन 13 दिसंबर को कपिल ने पुनीत अरोड़ा की तैयार की गई आइवरी शेरवानी पहनी, जिस पर कनिका कुमरिया ने फूलों से शानदार डिजाइन तैयार की थी। बेइंतहाँ खूबसूरत गिन्नी शानदार मोटिफ्स से लकदक एक और लहँगे में जबरदस्त लग रही थीं।

शादी के कार्यक्रमों की शुरुआत माता की चौकी से हुई, जिसे कपिल की माँ ने अमृतसर में उनके घर पर 10 दिसंबर को आयोजित

किया और जिसे रिचा शर्मा ने बखूबी सँभाला। वहीं गिन्नी के घर पर 30 दिसंबर को अखंड पाठ के साथ दोनों घरों में इस समारोह का समापन हुआ। शादी से पहले के समारोहों में चूड़ी समारोह, कॉकटेल और मेहँदी हुई। शादी से पहले के समारोहों में गिन्नी ने जो ड्रेस पहन रखी थी, उसमें वे पहले से ज्यादा प्यारी लग रही थीं, जिन्हें निधि ठोलिया और वोग कौर ने तैयार किया था, जैसा पहले कभी बनाया नहीं गया था। जालंधर में शादी समारोह में कृष्णा अभिषेक, सुमोना चक्रवर्ती, भारती सिंह, हर्ष लिंबाछिया, आरती सिंह, राजीव ठाकुर, चंदन प्रभाकर और 'द कपिल शर्मा शो' की पूरी टीम शामिल हुई थी। पंजाबी के लोकप्रिय गायक गुरदास मानजी भी इस जश्न का एक हिस्सा बने थे।

"...घूँघट और सिल्क लहँगे पर गोकरू गोटे का जाल उभरा हुआ था और कच्ची पट्टी की एंब्रॉयडरी की हुई थी, जो नाजुक फूलों के ऊपर एक छतरी बना रही थी और मुगल गार्डन ऑफ पैराडाइज मिनिएचर पेंटिंग से ली गई मोर की आकृति उभर रही थी।

शादी के बाद अमृतसर के रेडिसन ब्लू होटल में करीबी मित्रों और परिवार के लिए रिसेप्शन समारोह रखा गया, जहाँ गिन्नी के "...घूँघट और सिल्क लहँगे पर गोकरू गोटे का जाल उभरा हुआ था और कच्ची पट्टी की एंब्रॉयडरी की हुई थी, जो नाजुक फूलों के ऊपर एक छतरी बना रही थी और मुगल गार्डन ऑफ पैराडाइज मिनिएचर पेंटिंग से ली गई मोर की आकृति उभर रही थी। पारंपरिक कच्ची पट्टी कढ़ाई में धातु के सलमा और टिक्की के साथ मिलकर नाजुक हाथ से मुड़ी हुई गोटे की पंखुड़ियों की लगभग ओरिगेमी जैसी तकनीक शामिल होती है, जिसे मूल कपड़े पर सावधानीपूर्वक सिल दिया जाता है।..." डिजाइनर द्वय रिंपल और हरप्रीत नरूला ने गिन्नी की ड्रेस के बारे में कुछ इस तरह से बारीक चीजें

बताईं। पिस्ता रंग के लहँगे ने उन्हें परीकथा जैसा खूबसूरत लुक दिया, जिसकी कोई कल्पना करता होगा। कपिल भी अपने हरे-भरे बरगंडी टोंड मखमली बंद गला सूट में फब रहे थे, जिसे स्लिम पैंट और पूरी तरह से क्यूरेटेड बेस्पोक जूतों के साथ विषम पुष्प रूपांकनों के साथ वर्गीकृत किया गया था। हालाँकि, यह पर्याप्त नहीं था, लेकिन समारोह को सितारों से सजे स्तर पर ले जाना था।

2018 का साल कुछ-कुछ शादियों का साल था, जैसेकि प्रियंका चोपड़ा-निक जोनास, दीपिका पादुकोण-रणवीर सिंह, सोनम कपूर-आनंद आहूजा, नेहा धूपिया-अंगद बेदी और तमाम मेगास्टार्स ने उस साल शादी के बंधन में बँधने का फैसला किया और इसलिए जश्न से भरे समारोह चलते ही रहे। 24 दिसंबर को मुंबई के जे.डब्ल्यू. मैरिएट, सहर में आयोजित रिसेप्शन इस महाद्वीप पर एक और सितारों से भरी जश्न की रात साबित हुई।

2018 का साल कुछ-कुछ शादियों का साल था, जैसेकि प्रियंका चोपड़ा-निक जोनास, दीपिका पादुकोण-रणवीर सिंह, सोनम कपूर-आनंद आहूजा, नेहा धूपिया-अंगद बेदी और तमाम मेगास्टार्स ने उस साल शादी के बंधन में बँधने का फैसला किया और इसलिए जश्न से भरे समारोह चलते ही रहे।

शादी के उत्सव के अन्य बड़े दिनों की तरह गिन्नी एवं कपिल ने अपने लिए जो नया लुक चुना था, उसके लिए रिंपल और हरप्रीत नरूला के पास दोबारा जाने का फैसला किया। गिन्नी का लहँगा अठारहवीं सदी के यूरोपियन चिंट्ज टेक्सटाइल से लिया गया था। हाथों से बुने हुए इस कपड़े में अलग-अलग रूपांकनों का मेल शामिल किया गया—स्वर्ग की चिड़िया, कमल के खिलते फूल, फूलों से लकदक फूलदान, जिन्हें रेशमारी की नजाकत से बुना गया था,

चावल-तिनका से सिला गया था इंपोर्टेड सीक्विन्स, क्रिस्टल्स व मोतियों को साथ में पिरोया गया था और उनके ट्यूल दुपट्टे को सटीकता के साथ सेक्विन एनक्रस्टेड कोर्सेट के साथ क्लब किया गया था। यहाँ पर कॉमेडी किंग ने पूरी तरह क्लासिक लुक अपनाया, जिसमें फ्लोरल फॉलिएज वाला ब्लैक डस्टेड 'बंद गला' और साथ में स्लिम-कट पैंट व बेस्पोक शूज शामिल थे।

रिसेप्शन में लगभग हर सेलिब्रिटी ने शिरकत की और जिसका भी नाम आपकी जुबान पर आए, वह निश्चित ही उस पार्टी में शामिल हुआ। उनमें रेखाजी से लेकर कार्तिक आर्यन, कृति सेनन और अनिल कपूर ने रिसेप्शन पार्टी में हर तरह के रंग भरे थे। फिल्मकार करण जौहर और फरहा खान, राजू श्रीवास्तव, खेल की दुनिया से सायना नेहवाल और हरभजन सिंह; सोनू सूद, गुरु रंधावा, जॉनी लीवर और उनकी बेटी जैमी लीवर, विकी कौशल, सुभाष घई, रवीना टंडन, बोनी कपूर, मनोज वाजपेयी, सलीम खान और उनके बेटे सोहेल खान ने बी-टाउन की नई धड़कन के समारोह की रौनक बढ़ाई। सुरभि ज्योति, रिचा चड्ढा, उर्वशी रौतेला, दिव्या दत्ता, अमीशा पटेल, वारीना हुसैन, रश्मि देसाई; 'द मोहन सिस्टर्स'—मुख्यतया शक्ति मोहन, प्रीति मोहन, कृति मोहन एवं नीति मोहन; सुनिधि चौहान, कनिका कपूर, सुमोना चक्रवर्ती, मंजरी फडनीस, गुलशन ग्रोवर, वरुण शर्मा, चंकी पांडे, चेतन भगत, अनीस बज्मी, मिलाप जवेरी, जिमी शेरगिल, हनी सिंह, कैलाश खेर, सलीम

रिसेप्शन में लगभग हर सेलिब्रिटी ने शिरकत की और जिसका भी नाम आपकी जुबान पर आए, वह निश्चित ही उस पार्टी में शामिल हुआ। उनमें रेखाजी से लेकर कार्तिक आर्यन, कृति सेनन और अनिल कपूर ने रिसेप्शन पार्टी में हर तरह के रंग भरे थे।

मर्चेंट, 'द बर्मावाला'—हुसैन, मस्तान, मुस्तफा एवं अब्बास, भारती सिंह एवं उनके पति हर्ष लिंबाछिया, कश्मीरा शाह एवं कृष्णा अभिषेक, जय भानुशाली एवं माही विज ने भी उस शानदार दिन इस प्यारे जोड़े पर अपनी शुभकामनाओं की बारिश की, जो अब एक पूरी तरह अनोखे और जीवन के बिल्कुल अलग सफर पर आगे बढ़ रहे थे।

कपिल एवं गिन्नी की शादी उनके जीवन की नई शुरुआत का एक मील का पत्थर था। यह न केवल उनके व्यक्तिगत मामले में, बल्कि उनके पेशेवर मोरचे पर भी, क्योंकि वह 'द कपिल शर्मा शो सीजन 2' की शुरुआत भी शादी के बाद करने जा रहे थे। उनकी शादी से जुड़े समारोहों में सितारों के हुजूम का उमड़ना यह साबित करता था कि उनके पास शुभकामनाओं का किस स्तर का खजाना भरा पड़ा है और जबकि दो शादियाँ और रिसेप्शन के दोहरे कार्यक्रम भी जब पूरे नहीं पड़े तो उनको तीसरी रिसेप्शन पार्टी दिल्ली में करनी पड़ी, जो कि 2 फरवरी, 2019 को आई.टी.सी. मौर्या के शानदार माहौल में हुई।

> ***कपिल एवं गिन्नी की शादी उनके जीवन की नई शुरुआत का एक मील का पत्थर था। यह न केवल उनके व्यक्तिगत मामले में, बल्कि उनके पेशेवर मोरचे पर भी, क्योंकि वह 'द कपिल शर्मा शो सीजन 2' की शुरुआत भी शादी के बाद करने जा रहे थे।***

उनके रिसेप्शन के 3.0 वर्जन में उन्होंने अपने डिप्लोमैटिक एवं ब्यूरोक्रेसी से जुड़े करीबियों और नजदीकी मित्रों को आमंत्रित किया। साज-सज्जा का काम एक बार फिर कलीरें की कनिका कुमरिया ने किया। रॉयल ब्लू रंग में मौजूद शाही मोर ने आयोजन स्थल पर लाखों रंग बिखेर दिए और एक नीरस पृष्ठभूमि को लोगों की प्रतिभा से चमका दिया, जो वहाँ रिसेप्शन में आए हुए थे। कहीं-न-कहीं यह आयोजन

शानदार समापन रहा, जो महीनों से चल रहा था, जिसमें वे दोनों एक-दूसरे के साथ हर पल जी रहे थे।

क्रिकेट की दुनिया में दिलों की धड़कन युवराज सिंह और सुरेश रैना और उनकी पत्नी प्रियंका, मिका सिंह, सोहेल खान, वत्सल सेठ, हर्षदीप कौर, दलेर मेहँदी और अलेक्जेंडर जिगलर, जो कि भारत में फ्रांस के राजदूत हैं, वे कुछ अजीमोशान अतिथियों में शामिल थे, जिन्होंने इस रात को यादगार बना दिया था।

इस मौके पर हर्षदीप कौर ने अपनी शानदार आवाज में 'मस्त कलंदर' गाना भी पेश किया, जिसने वहाँ मौजूद लोगों को थिरकने पर मजबूर कर दिया। वहीं कपिल ने गिन्नी के लिए भी एक छोटा सा लव सॉन्ग पेश किया। आखिरकार, ऐसे ऐतिहासिक पलों के बगैर शादी का मजा भी तो नहीं रहता।

इस मौके पर हर्षदीप कौर ने अपनी शानदार आवाज में 'मस्त कलंदर' गाना भी पेश किया, जिसने वहाँ मौजूद लोगों को थिरकने पर मजबूर कर दिया। वहीं कपिल ने गिन्नी के लिए भी एक छोटा सा लव सॉन्ग पेश किया। आखिरकार, ऐसे ऐतिहासिक पलों के बगैर शादी का मजा भी तो नहीं रहता।

इस दिन भी कपिल और गिन्नी ने कपड़ों की डिजाइन का शानदार ताना-बाना बुना, जिस पर उन दोनों के हँसी-ठहाकों ने और प्रभावशाली मुहर लगा दी। गिन्नी ने जहाँ रॉयल ब्लू व गोल्डन अनारकली ड्रेस पहन रखी थी, वहीं कपिल ने पुनीत अरोड़ा द्वारा तैयार की हुई कश्मीरी अचकन, उसके साथ कढ़ाई की हुई पश्मीना शॉल और सटीक बेस्पोक जूते पहन रखे थे। उन्होंने न केवल एक-दूसरे की प्रशंसा की, बल्कि उन्हें देखनेवाले हर व्यक्ति को उनसे सटीक संबंधों वाले लक्ष्य का संदेश भी मिल रहा था, क्योंकि जीवन उनके लिए सुंदर था।

ये शानदार समारोह केवल उनकी शादी के संदेश मात्र नहीं थे, बल्कि ये जश्न उनके जीवन में प्यार, जिंदगी और सबकुछ अच्छा होने की मौजूदगी भी जाहिर करता है, जो कि कपिल के लिए था। यह ऐसा कुछ नहीं है, जो उन्होंने वास्तव में माँगा था; बल्कि यह कुछ ऐसा हासिल था, जिसके लिए वे शुक्रगुजार थे और इसी चीज ने उनकी दुनिया बदल दी थी। यह स्वप्न जैसा है, लेकिन वास्तव में स्वप्न नहीं है। यह सबकुछ एक परीकथा जैसा है, जिसमें प्रिंस चार्मिंग प्रेम और साहस के सफेद घोड़े पर सवार है, जो उस राजकुमारी के साथ एक सफर शुरू करता है, जो कभी उम्मीद नहीं छोड़ती।

> ***जो प्रेम उनके विकास को सुरक्षित करता है, वह न केवल आनंदमय है, बल्कि सम्मान, करुणा, साहचर्य, जिम्मेदारी और जीवन के सभी क्षेत्रों में एक-दूसरे के साथ खड़े होने के दृढ़ संकल्प का भी विचार रखता है। प्यार कभी भी एक नाव चलाने के लिए पर्याप्त नहीं होता है; लेकिन विश्वास, करुणा और ब्रह्मांडीय संबंध की शक्ति, जो एक रिश्ते को बाँधती है, वही है, जो इसे दूसरे किनारे पर पहुँचा देती है।***

जो प्रेम उनके विकास को सुरक्षित करता है, वह न केवल आनंदमय है, बल्कि सम्मान, करुणा, साहचर्य, जिम्मेदारी और जीवन के सभी क्षेत्रों में एक-दूसरे के साथ खड़े होने के दृढ़ संकल्प का भी विचार रखता है। प्यार कभी भी एक नाव चलाने के लिए पर्याप्त नहीं होता है; लेकिन विश्वास, करुणा और ब्रह्मांडीय संबंध की शक्ति, जो एक रिश्ते को बाँधती है, वही है, जो इसे दूसरे किनारे पर पहुँचा देती है। यह हर समय उपयुक्त नहीं हो सकता है, लेकिन यह निश्चित रूप से अति एकाकी दिनों में परिपूर्ण हो जाता है और इसे प्यार से ही भरने की अनुमति है।

यह भले ही एक कॉलेज-रोमांस के रूप में शुरू हुआ हो सकता है, लेकिन उनके लिए कुछ भी सामान्य नहीं था। उन्होंने भले ही एक-दूसरे का हाथ नहीं थाम रखा था, लेकिन उन्होंने निश्चित रूप से जरूरत के समय में एक-दूसरे को कंधे से सहारा दिया और यही वजह थी कि इसी चीज ने उन्हें हमेशा के लिए साथ होने की गाँठ बाँध ली और उन्हें आगे की दुनिया का सबसे अच्छा आशीर्वाद भी मिला; क्योंकि आशीर्वाद आसानी से नहीं आते हैं और जब वे मिलते हैं तो आप कुछ भी नहीं कर सकते, सिवाय खुशी के आँसू छलकाने और मुसकराने के।

□

शुभकामनाएँ

एक शख्स एक बार में कितनी मात्रा में खुशियाँ भोग सकता है, इसकी कोई सीमा नहीं है। जैसाकि कहा भी जाता है—'मैं सातवें आसमान पर हूँ', यह इस बात के अधिकांश हिस्से को साबित करता है। हालाँकि, ऐसा लगता है कि यह भी काफी नहीं होता। खुशहाली एक व्यापक मसला है, जिसमें दिल से दिल की संतुष्टि की अपेक्षा होती है और यह सुनने में जितना आसान लगता है, उतना वास्तव में होता नहीं है। यह कुछ ऐसा है, मानो आनंद का सफर कभी-कभी अपने ऊपर आ जाता है और आपके पास कोई विकल्प नहीं होता, बजाय कि उस वाहन में बैठकर पूरा आनंद लिया जाए। कपिल शर्मा के साथ भी कुछ ऐसा ही हुआ, जब यह खबर उन तक पहुँची कि उनके छोटे से परिवार में एक तीसरा सदस्य भी जल्दी ही जुड़ने वाला है।

जुलाई 2019 में कपिल ने अपनी पत्नी के गर्भवती होने की खबर की पुष्टि की; लेकिन अभिभावकत्व का विचार न केवल खूबसूरत था, बल्कि, जैसाकि पूरी दुनिया में कहा भी जाता है कि यह सबसे अच्छा अहसास भी था। एक इंटरव्यू में उन्होंने अपने उत्साह को सीमाओं से परे ले जाते हुए कहा, "मैं केवल अपनी पत्नी का खयाल रखना चाहता हूँ और उनके निकट रहना चाहता हूँ। हम स्वाभाविक रूप से बेहद उत्साहित हैं, क्योंकि यह हमारा पहला बच्चा है; लेकिन मेरी माँ हम सब में सबसे ज्यादा उत्साहित हैं। वे इस पल का बरसों से इंतजार कर रही

थीं। हम बस, गिन्नी और बच्चे की अच्छी सेहत के लिए प्रार्थना कर रहे हैं।"

अभिभावक होना एक कठिन काम है। यह एक जीवनपर्यंत वाला करार है, जिसे आप तब साइन करते हैं, जब आपका बच्चा इस दुनिया में आने वाला होता है; और कभी-कभी आपको ज्यादा कुछ प्रयास भी करने की जरूरत नहीं होती, क्योंकि यह आप पर बगैर किसी मेहनत के आता है। यह एक तरह से तिलिस्मी दुनिया की तरह होता है, जिसमें आपको आगे का कुछ पता नहीं होता और आप केवल कदम बढ़ाते चलते जाते हैं और उसके इर्द-गिर्द घटित हो रही तमाम चीजों को हैरानी भरी नजरों से देखते रह जाते हैं। प्यार का यह एक और ही चमत्कार होता है, जहाँ इसकी परिभाषा आपको केवल अपने पार्टनर से ही नहीं बाँधती, बल्कि एक ऐसा अहसास भी होता है, जिसे आप शब्दों में बयाँ नहीं कर सकते और अब कपिल शर्मा अपनी खुशनुमा जिंदगी के इस लमहे में कुछ ऐसे ही प्रेम की अनुभूति कर रहे थे।

अभिभावक होना एक कठिन काम है। यह एक जीवनपर्यंत वाला करार है, जिसे आप तब साइन करते हैं, जब आपका बच्चा इस दुनिया में आने वाला होता है; और कभी-कभी आपको ज्यादा कुछ प्रयास भी करने की जरूरत नहीं होती, क्योंकि यह आप पर बगैर किसी मेहनत के आता है।

एक समय के बाद, गिन्नी और कपिल मिलकर अपनी एक नन्ही दुनिया साथ लेकर आए। उन्होंने उस नए मेहमान की जरूरत से जुड़ी हर चीज इकट्ठी करनी शुरू कर दी और अपने उत्साह के चलते कुछ ज्यादा ही इकट्ठा कर बैठे। इस तरह, गिन्नी और कपिल पहले से जरूरी चीजें खरीदकर अपनी खुद की एक छोटी सी दुनिया साथ ले आए, जो उनके उत्साह को कुछ हद तक भर सकता था। इसलिए घुमक्कड़ी और

कुछ छोटी-छोटी कारस्तानियाँ समय से पहले उनकी खुशी को समेटने का एक तरीका था। उन्हें इस चीज से कभी फर्क नहीं पड़ा कि आनेवाला सदस्य लड़का होगा या लड़की। इसके बजाय, कपिल के मन में केवल एक ही नाम उभरता था—आशीर्वाद, जिससे वे खुद भी इनकार नहीं करते। अभिभावक होना क्या होता है, कपिल इसके बारे में बिल्कुल नहीं जानते थे। दरअसल, इसके बारे में कोई भी तब तक नहीं जान पाता, जब तक वह खुद माता या पिता नहीं बन जाता। और जब इस कॉमेडियन के जीवन में भी प्रेम की तरंगों से झनकार हुई तो ऐसा कोई चुटकुला नहीं बना, जो उनको इस खुशी से ज्यादा खुशी दे पाता।

10 दिसंबर, 2019 को कपिल ने अपने ट्विटर पर लिखा—'बेटी के रूप में आशीर्वाद मिला। आपकी शुभकामनाओं का आकांक्षी। आप सबको ढेर सारा प्यार। जय माता दी⋯' और यहाँ से कपिल शर्मा एवं गिन्नी चतरथ के जीवन में शुरू होता है एक नई दुनिया के चमत्कारों का सिलसिला!

10 दिसंबर, 2019 को कपिल ने अपने ट्विटर पर लिखा—'बेटी के रूप में आशीर्वाद मिला। आपकी शुभकामनाओं का आकांक्षी। आप सबको ढेर सारा प्यार। जय माता दी⋯' और यहाँ से कपिल शर्मा एवं गिन्नी चतरथ के जीवन में शुरू होता है एक नई दुनिया के चमत्कारों का सिलसिला!

मुझे नहीं लगता कि किसी व्यक्ति के जीवन में माता-पिता बनने से बेहतर कोई चमत्कार होता है। यह ऐसा है, जैसे आप अपने ही एक हिस्से को खुद से अलग रूप में देख रहे हों और फिर भी वह आपका अपना ही हो, जिसे एक नन्हे बच्चे की तरह पोषित करने की आवश्यकता होती है। यहाँ तक कि उस नन्ही सी जान को इस नजाकत से सँभालने की जरूरत होती है कि जरा सी चोट भी अपने लिए तबाही-सी लगे, और कपिल

अपनी बच्ची के लिए ऐसे ही एक योद्धा बनना चाहते थे।

और इसलिए, उस दिन से उन्होंने उसका सुपर हीरो बनने के लिए एक खास कपड़ा पहन लिया और पंद्रह दिनों का पितृत्व अवकाश ले लिया, ताकि वे अपनी बेटी और साथ-ही-साथ अपने बच्चे की माँ के साथ रह सकें। यह न केवल मनमोहक था, बल्कि दुनिया के लिए एक उदाहरण भी था कि कैसे पिता को न केवल प्रदाता होने की जरूरत है, बल्कि बच्चे की देखभाल एवं गर्मजोशी प्रदान करनेवाला भी होना चाहिए। इसके अलावा, उन्होंने इस परंपरा को भी चुनौती दी कि बच्चे की देखभाल केवल महिलाओं की प्राथमिकता है।

जब से पूरी दुनिया में कपिल शर्मा के पिता बनने की खबर फैली, हर कोई बच्चे की एक झलक पाने के लिए उत्सुक हो उठा। यह उत्साह तभी शांत हुआ, जब 15 जनवरी, 2020 को कपिल ने अपने इंस्टाग्राम व ट्विटर पर अपने परिवार की तसवीर साझा की।

जब से पूरी दुनिया में कपिल शर्मा के पिता बनने की खबर फैली, हर कोई बच्चे की एक झलक पाने के लिए उत्सुक हो उठा। यह उत्साह तभी शांत हुआ, जब 15 जनवरी, 2020 को कपिल ने अपने इंस्टाग्राम व ट्विटर पर अपने परिवार की तसवीर साझा की। उसमें उनकी बेटी की झलक भी थी। उन्होंने लिखा—'मिलिए हमारे दिल के टुकड़े 'अनायरा शर्मा' से।'

तभी बुआ—हर्षदीप कौर, परदादी चंद्रो तोमर और सुनील शेट्टी, चंदन प्रभाकर, सलीम मर्चेंट, हितेन तेजवानी, हनी सिंह जैसी कई अन्य हस्तियों ने प्यारे परिवार और खुशहाली के स्नेहमयी समूह को अपना आशीर्वाद एवं शुभकामनाएँ बरसाईं। इसमें गुरु रंधावा, जाकिर खान, अब्बास-मस्तान, बंदगी कालरा, राजपाल यादव जैसे दिग्गजों की सूची

अंतहीन थी। यह ऐसा था, मानो कपिल के प्रशंसकों और इस उद्योग में उनके विस्तारित परिवार ने अनायरा के लिए प्यार से भरा एक टब भर दिया हो!

कपिल अधिक खुश नहीं हो सकते थे, लेकिन वे बच्चे के लिए सबकुछ नहीं छोड़ सकते थे। इसलिए उनकी लंबी शूटिंग, घंटों की व्यस्त दैनिक दिनचर्या और शो में रहने की उनकी अनिवार्यता के चलते उन्हें अपने कलेजे के टुकड़े से लंबे समय तक दूर रहना पड़ा। लेकिन तब तक वह कपिल को पहचानने लगी थी और उनको देखकर मुसकरा देती थी। मेरा मानना है कि अब उनका जीवन पहले की अपेक्षा ज्यादा रोमांचक हो चला था।

कपिल अधिक खुश नहीं हो सकते थे, लेकिन वे बच्चे के लिए सबकुछ नहीं छोड़ सकते थे। इसलिए उनकी लंबी शूटिंग, घंटों की व्यस्त दैनिक दिनचर्या और शो में रहने की उनकी अनिवार्यता के चलते उन्हें अपने कलेजे के टुकड़े से लंबे समय तक दूर रहना पड़ा।

लोग कहते हैं कि बेटियाँ पलक झपकते ही बड़ी हो जाती हैं। एक दिन आप उन्हें अपनी गोद में खिला रहे होते हैं और अगले ही पल आप उनकी शादी के दिन के लिए दुलहन के शानदार जोड़े की तलाश में दुकान-दर-दुकान खँगाल रहे होते हैं। इसलिए हर किसी को उनके साथ हर दिन पूरी तरह से जीना चाहिए और उन्हें जी भर के अपने करीब रखना चाहिए; और इसलिए, कपिल ने बेटी के बढ़ने के हर पल को बेहद खूबसूरती से सहेजा और महीने भर की होने पर उसके हाथों व पैरों की मिट्टी से छाप ली, जिसमें भावना जसरा ने अपने उल्लेखनीय कौशल का बखूबी परिचय दिया। इस तरह से, उन्होंने जीवन के एक आदर्श क्षण को उनके दिल में हमेशा के लिए अनमोल स्मृति में बदल दिया।

माता-पिता होने का मतलब है—असीम धैर्य। ऐसा लगता है, जैसेकि आप उस दुनिया की प्रतीक्षा नहीं कर सकते, जो आपके साथ चलती है; बल्कि उस बच्चे के साथ चलना चाहते हैं, जो आपका हाथ पकड़कर आपके साथ बढ़ना चाहता है। जैसे ही वे छोटी उँगलियाँ आपको कसकर पकड़ती हैं, आप समझ जाते हैं कि यह जीवन भर की जिम्मेदारी है, जिसे आप हमेशा अपने कंधों पर रखना पसंद करेंगे। यह आपकी दुनिया को बेहतर या सर्वश्रेष्ठ आकार देगी; क्योंकि दुनिया में वे ऐसा कुछ भी नहीं कर सकते, जो आपको सबसे बुरा महसूस करा सके। अतः जब यह सफर चमत्कारों से भरी दुनिया की शुरुआत होता है, इसे सँजोना सबसे ज्यादा खुशी प्रदान करता है और यही इसे निर्विवाद रूप से खूबसूरत बना देता है।

कपिल की दुनिया को गले लगानेवाली नन्ही परी के साथ छोटी सी दुनिया में आनंद का सफर करते हुए कपिल को चार महीने हो गए थे। ऐसा लग रहा था, मानो कपिल का जीवन किसी खूबसूरत आशीर्वाद से पूरी तरह उलट गया हो; और यही पितृत्व का आनंद है, जो जीवन को अपने शानदार रोलरकॉस्टर सफर पर ले जाता है, जो कि मौजूदा दुनिया में महानतम व्यक्ति के लिए अभी शुरू ही हुआ था।

□

आज...

इस आदमी के जीवन में आज की सहजता पूरी तरह से आनंदमय है। उसने समय के साथ सबकुछ सीखा, प्यार किया और एक ही बार में जीया; यहाँ तक कि कभी भी, एक मिनट के लिए भी, उन्होंने यह महसूस नहीं किया कि वे कभी खाली बैठे हों और यह सोचा हो कि सबकुछ खत्म हो गया है; क्योंकि व्यापक नजरिए से चीजें तभी खत्म हो सकती हैं, जब आप खुद ऐसा चाहते हों और उनके लिए अभी वह समय नहीं आया था, क्योंकि दर्शक भी नहीं चाहते थे कि ऐसा हो और वह समय कभी न आए!

कपिल शर्मा न केवल 'किंग ऑफ कॉमेडी' हैं, बल्कि उनका दिल भी सोने जैसा है। वे अपने लोगों को खुद से आगे रखते हैं, मानो यह दुनिया उनके लिए कैनवास हो, जिस पर विनम्रता व उत्कृष्टता के रंगों से उन्होंने ऐसी पेंटिंग तैयार की, जिसमें हर चीज अद्भुत नजर आती है और जैसा वे सोचते हैं, हूबहू वैसा ही होता नजर आता है। यह सबकुछ महज कुछ रातों का उनका हासिल नहीं है, बल्कि इसके लिए उन्होंने न जाने कितनी ही रातें बिना सोए गुजारी हैं और कॉमेडी की दुनिया को उत्कृष्टता के स्तर पर ले जाने के लिए कड़ी मशक्कत की है।

कपिल पुंज के लिए यह कभी भी आसान नहीं रहा। उससे भी बड़ी चुनौती इस स्तर को बनाए रखने की थी और कपिल शर्मा के रूप में

अपने आभामंडल के साथ स्थिर रहने की थी; क्योंकि मैं ऐसे किसी और शख्स को नहीं जानता, जो उनसे किसी मामले में बेहतर हो। हर बार, जब भी उनके दरवाजे पर विफलता ने दस्तक दी, वे पायंदाज से धूल को झाड़ने के लिए तैयार मिले और आगे बढ़े, क्योंकि कठोर परिश्रमी ऐसे ही होते हैं। वे हमेशा आगे की ओर बढ़ते हैं। वे चाहें तो आराम से बैठ सकते हैं, ड्रिंक एंजॉय कर सकते हैं; लेकिन उनके पास रुकने और ठहरने का कोई विकल्प नहीं होता और न ही वे दोबारा शुरुआत करते हैं।

इससे फर्क नहीं पड़ता कि आज तक उनके जीवन में कितनी ही कठिनाइयों की चौपड़ सामने फेंकी गई, लेकिन उन्होंने हर हाल में यह साबित किया कि उन सबकी वजह से उनकी कीमत में इजाफा हुआ। उन्होंने कभी भी उस सर्वोत्तम से कम पर समझौता नहीं किया, जिसे वे हासिल कर चुके थे।

इससे फर्क नहीं पड़ता कि आज तक उनके जीवन में कितनी ही कठिनाइयों की चौपड़ सामने फेंकी गई, लेकिन उन्होंने हर हाल में यह साबित किया कि उन सबकी वजह से उनकी कीमत में इजाफा हुआ। उन्होंने कभी भी उस सर्वोत्तम से कम पर समझौता नहीं किया, जिसे वे हासिल कर चुके थे। शुरुआत में, बॉलीवुड मेनस्ट्रीम का हिस्सा न होने के बावजूद इस इंडस्ट्री में उनकी एक अलग पहचान है, जहाँ से उनको ढेर सारा प्यार मिलता है और ये चीजें पूरी दुनिया ने देखी हैं, चाहे वे उनकी शादी पर उन्हें मिले अद्‌भुत आशीर्वाद हों या बेटी अनायरा के इस दुनिया में कदम रखने के दौरान मिली शुभकामनाएँ और बधाइयाँ हों। उनका काम उनके लिए सफलता की उत्पादक सीढ़ी के तौर पर रहा है, जहाँ उनके पास दुनिया की एक से बढ़कर एक लग्जरी कारें हैं, अति शानदार घर है और एक दुनिया है, जो उन्हें हर चीज के लिए प्यार लुटाने को तैयार बैठी है।

स्वप्न सरीखा अभिभावक होने के अलावा, उन्हें अपनी मर्सिडीज बेंज एस क्लास और वॉल्वो एक्ससी 90 से भी जबरदस्त लगाव है। ये कुछ ऐसी चीजें हैं, जिसे कोई वाकई जानने का इच्छुक होता है; लेकिन कभी–कभी सामान्य से विलक्षण की तरफ जाना अपने आप में अनोखा अनुभव होता है, क्योंकि जीवन भी उन अंतर्निहित आश्चर्यों के साथ आगे बढ़ता है और उनके जीवन के मौजूदा आनंद में बिल्कुल यही हो रहा था।

कपिल का शोहरत की बुलंदियों पर पहुँचने का सफर पूरी तरह गुलाबी नहीं है, जहाँ उनकी वार्षिक आमदनी 90 लाख डॉलर के आसपास जा पहुँची और जहाँ किसी भी वजह से इसे ठहरना नहीं था और न तो कोई चीज इसे खींचकर रोक ही सकती थी।

हालाँकि, सवाल अब भी बना हुआ है कि आज वे जो कुछ भी हैं, उसमें किस चीज का योगदान वाकई अनोखा या विशेष है?

कपिल का शोहरत की बुलंदियों पर पहुँचने का सफर पूरी तरह गुलाबी नहीं है, जहाँ उनकी वार्षिक आमदनी 90 लाख डॉलर के आसपास जा पहुँची और जहाँ किसी भी वजह से इसे ठहरना नहीं था और न तो कोई चीज इसे खींचकर रोक ही सकती थी। यह पूरी तरह से उनके कठिन परिश्रम का योगदान ही था, जिसे वे पिछले कई वर्षों से कभी 'कॉमेडी नाइट्स विद कपिल' और 'द कपिल शर्मा शो' के साथ तो कभी फिल्मों, जैसे—'किस किसको प्यार करूँ' और 'फिरंगी' के रूप में आगे बढ़ाते आ रहे थे। एक तरफ जहाँ यह सब ही काफी नहीं था, वहीं एंडोर्समेंट की दुनिया ने भी उनके व्यवहार को पसंद किया है और उनके चेहरे पर कंपनियों ने भरोसा जताया है, जिसमें खासतौर पर 'पैसा बाजार', 'होंडा मोबिलियो', 'टी.वी.एस. टायर्स', 'ओएलएक्स' और 'माइक्रोमैक्स कैनवास' जैसे दिग्गज ब्रांड शामिल हैं।

उनकी उपलब्धियों की कोई सीमा नहीं है; लेकिन इन सब में सबसे बड़ी उपलब्धि उनके दोस्तों, परिवार और प्रशंसकों का भारी मात्रा में मिला प्यार है, जो कि शो का टी.वी.टी. उनके जीवन की सबसे ऊँची बोली पर चार्ट बना रहा है।

कपिल शर्मा का जीवन एक रोलरकॉस्टर की सवारी रहा है और फिर भी उन्होंने अपनी जमीनी जड़ों से कभी संपर्क नहीं खोया। ऐसे व्यक्ति विनम्रता और मानवता की मिसाल बन जाते हैं। वे न केवल अपने जीवन के हर अंश से प्यार करते हैं, बल्कि वे एकमात्र ऐसे व्यक्ति भी होते हैं, जो इसे वैसे ही कर सकते हैं, जैसे उन्होंने करके दिखाया था।

इसकी शुरुआत कपिल शर्मा के एंटरटेनर के रूप में हुई थी। यह उनके प्रशंसकों की ओर से सबसे पसंदीदा संस्करण रहा है, क्योंकि जिस तरह के ठहाके वे साथ ला सकते हैं, लोगों में वैसी चमक किसी अन्य कॉमेडियन के लिए ला पाना असंभव है।

पिछले कुछ वर्षों में कपिल शर्मा के कई शेड्स दुनिया के सामने आए हैं।

इसकी शुरुआत कपिल शर्मा के एंटरटेनर के रूप में हुई थी। यह उनके प्रशंसकों की ओर से सबसे पसंदीदा संस्करण रहा है, क्योंकि जिस तरह के ठहाके वे साथ ला सकते हैं, लोगों में वैसी चमक किसी अन्य कॉमेडियन के लिए ला पाना असंभव है। किंतु यह केवल इस महाद्वीप तक ही सीमित नहीं है। हाल ही में, जब कपिल शर्मा एक शो के लिए दुबई गए तो वहाँ के प्रशंसकों ने अनायरा की तसवीर वाली टी-शर्ट पहनकर एक खूबसूरत एवं दिल को छू लेनेवाले हाव-भाव के साथ उनका स्वागत किया और मुझे नहीं लगता कि प्रशंसकों के दिलों में मौजूद प्यार की इस गहराई से ज्यादा प्यारा कुछ और हो सकता है। इस तरह के स्नेह ने उनको अपने आगोश में ले रखा था।

हम कपिल को एक पारिवारिक व्यक्ति के रूप में जानते हैं, जो मनोज वाजपेयी की दुनिया और अमेजन प्राइम पर उनकी सीरीज से बहुत अलग है और यह कपिल की वास्तविक दुनिया है।

उनकी माँ तो 'द कपिल शर्मा शो' में उनके सभी शो के लिए एक सीट रिजर्व रखती हैं, जो 'कॉमेडी नाइट्स विद कपिल' के दिनों से शुरू हुई एक रस्म है और जब तक वे कुछ और बेहतर करने के लिए आगे नहीं बढ़े, तब तक उसमें कभी बदलाव नहीं आया।

उनकी माँ तो 'द कपिल शर्मा शो' में उनके सभी शो के लिए एक सीट रिजर्व रखती हैं, जो 'कॉमेडी नाइट्स विद कपिल' के दिनों से शुरू हुई एक रस्म है और जब तक वे कुछ और बेहतर करने के लिए आगे नहीं बढ़े, तब तक उसमें कभी बदलाव नहीं आया।

इन सारी व्यस्तताओं के बीच वे गिन्नी को डेट नाइट्स या मूवी नाइट्स पर ले जाना नहीं भूलते थे, जो हर तरह से बहुत स्नेह भरा था और वास्तव में कोई भी निश्चित रूप से अनायरा के जन्म पर लिये गए पितृत्व अवकाश के आनंद पर नहीं रुक सकता। इन सबके साथ-साथ उनके भीतर 'जंजीर' के लिए भी अगाध प्रेम भरा था। वह परित्यक्त आत्मा, जिसे उन्होंने अपने एक मित्र के घर से गोद लिया था और जो परित्यक्त पशुओं के लिए बने एक एन.जी.ओ. में पाला जा रहा था। वह नन्हा कुत्ता ही कपिल के लिए वर्ष 2014 से सबकुछ था; लेकिन नौ साल बाद 'जंजीर' ने सड़क के आवारा कुत्तों से हुई एक भयानक लड़ाई के बाद इस दुनिया को अलविदा कह दिया था। यह सुनने में भले ही अच्छी सूचना न लगे, लेकिन इससे पता चलता है कि कपिल के मन में कितने तरह के प्रेम के भाव भरे हुए हैं! उनको अपने कुत्ते से बेहद लगाव था और इस लगाव का वह संस्करण उनके लिए हमेशा कायम

रहेगा तथा यह चीज हमारे दिलों को भी भावुक करती रहेगी।

अब, इस परिवार में एक और ताजा-तरीन बढ़ोतरी हुई, यानी कि 1 फरवरी, 2021 को उनके आँगन में एक बेटे ने जन्म लिया। इस पर कपिल ने काम से कुछ दिनों के लिए ब्रेक लिया, ताकि वे अपने छोटे से परिवार के साथ वक्त बिता सकें और एक पिता के बेहतर संस्करण में ढल सकें।

अब उनके पास जीवन में एक और सपना है—बुजुर्गों के लिए घर बनाने का, जिसमें उनके लिए जीवन की सुख-सुविधाओं की कोई कमी न झलके; क्योंकि उनका मानना है कि जिन्होंने हमें पाल-पोसकर बड़ा करने में अपना पूरा जीवन लगा दिया, उन्हें जीवन के किसी भी मोड़ पर छोड़ देना गलत है।

जीवन के हर पहलू में सटीक वर्जन होने के साथ-साथ कपिल एक जिम्मेदार नागरिक भी थे और उन्होंने विश्व के विकास में भी भरसक योगदान दिया। वे 'पेटा' (PETA) के ध्वजवाहक थे, जो निराश्रित बिल्लियों व कुत्तों को गोद लेने पर जोर देती है और साथ ही वे पूरे देश में प्रताड़ित किए गए हाथियों के संरक्षण के लिए भी काम करते थे। 'स्वच्छ भारत अभियान' के लिए प्रधानमंत्री ने स्वयं उन्हें नामित किया था। विभिन्न विषयों पर आप उन्हें लोगों से योगदान करने की अपील करते हुए पाएँगे और खुद भी वे हर काम में सहयोगी की भूमिका में नजर आते हैं। ऐसा केवल एक ही शख्स कर सकता है, जिसके दिल में प्रेम, करुणा और समुदाय के प्रति अहसास भरा हो।

अब उनके पास जीवन में एक और सपना है—बुजुर्गों के लिए घर बनाने का, जिसमें उनके लिए जीवन की सुख-सुविधाओं की कोई कमी न झलके; क्योंकि उनका मानना है कि जिन्होंने हमें पाल-पोसकर

बड़ा करने में अपना पूरा जीवन लगा दिया, उन्हें जीवन के किसी भी मोड़ पर छोड़ देना गलत है। चाहे वे कितने भी बच्चों जैसे हो जाएँ, लेकिन वे हमारी सेवा के हर अंश के हकदार हैं, क्योंकि हमने भी अपने विकास के क्रम में उनसे उनका हर अंश ग्रहण किया है। इतिहास के सबसे दर्दनाक दौर में, जब पूरी दुनिया कोविड-19 की मार से कराह रही थी, कपिल ने प्रधानमंत्री राहत कोष में 50 लाख रुपए दान किए, जो न केवल उनके दिल में भरी अच्छाई का सुबूत है, बल्कि उस अच्छाई को वे पूरी दुनिया में फैलाना भी चाहते हैं। ऐसे दौर में, जब हर कोई अपने बारे में ही सोचने के स्वार्थ से भरा हुआ था, कपिल हमेशा सोने के दिलवाले शख्स के रूप में अलग राह पर नजर आए हैं, जो खुद से पहले दूसरों को आगे रखता है। चाहे कुछ भी हो जाए, वे हमेशा से पहले एक ऐसे शख्स के रूप में नजर आए हैं, जो वाकई विलक्षण है।

उनका केवल एक सपना पूरा नहीं हो पाया कि वे अपने पिता को जीते-जी दुनिया की सैर करा पाते, क्योंकि उनका साथ बहुत जल्दी छूट गया। पिता ने कपिल को खुद में भरोसा करना सिखाया और इसलिए, उन्होंने हर बार जब भी विदेश यात्रा के लिए टिकट बुक कराई, तब एक टिकट अपने पिता के नाम से भी जरूर बुक कराई और विभिन्न महाद्वीपों की सरजमीं पर साथ उतरे।

उनका केवल एक सपना पूरा नहीं हो पाया कि वे अपने पिता को जीते-जी दुनिया की सैर करा पाते, क्योंकि उनका साथ बहुत जल्दी छूट गया। पिता ने कपिल को खुद में भरोसा करना सिखाया और इसलिए, उन्होंने हर बार जब भी विदेश यात्रा के लिए टिकट बुक कराई, तब एक टिकट अपने पिता के नाम से भी जरूर बुक कराई और विभिन्न महाद्वीपों की सरजमीं पर साथ उतरे।

जीवन में अब तक कपिल लोगों की एक कहानी रहे हैं। उनका मानना है कि वे एक खुली किताब की तरह हैं, जिसमें कुछ भी छिपाने लायक नहीं है। वे खुद को एक ऐसे शख्स के रूप में मानते हैं, जो गलतियाँ करता है, लेकिन उन गलतियों को स्वीकारने से कभी भागता नहीं है। यह वास्तव में तब तक चलता है, जब तक हम अपनी गलतियों से सीखते हैं। दरअसल, उन पर पछतावा करने का कोई कारण नहीं है, क्योंकि दुनिया जहाँ है, वहीं रहेगी, हमें देखेगी, हमारा आकलन करेगी और हर चीज को अपने सबसे खराब दौर में ले जाएगी; लेकिन उसी समय यह भी होगा कि आनंदमय दौर सामने आएँ, जहाँ आप निराशा के अँधेरे से खुद को खींचकर बाहर निकाल लें और इसके सुकून में आगे बढ़ें; क्योंकि इससे पहले कि आप आगे बढ़ने के लिए एक कदम पीछे हटें, यह आपको अपने अस्तित्व के सबसे बड़े आनंद के साथ हासिल कर लेगा।

कपिल शर्मा के पास एक कहानी है और हमने उसे देखा है; लेकिन जैसे कि हर पन्ना इतिहास में दर्ज होता है, हर कहानी, जो कागज व कलम से इस पर उतारी जाती है, उसमें लिखे हुए दो तरफ के अजूबे होते हैं और यही खास बात होती है, जो वहाँ अलग नजर आती है।

कपिल शर्मा के पास एक कहानी है और हमने उसे देखा है; लेकिन जैसे कि हर पन्ना इतिहास में दर्ज होता है, हर कहानी, जो कागज व कलम से इस पर उतारी जाती है, उसमें लिखे हुए दो तरफ के अजूबे होते हैं और यही खास बात होती है, जो वहाँ अलग नजर आती है। आप गौर तो करते हैं, लेकिन उसकी पुष्टि नहीं करते कि यह उनका बेहतर स्वरूप है; क्योंकि यह हमारा भी स्वाभाविक रवैया होता है कि हम केवल बदतर पर अटक जाते हैं। मैं मानता हूँ कि कपिल के सामने वैसा कभी कुछ नहीं आया। उन्होंने हमेशा अपने बेहतर स्वरूप को ही चुना

और इसे कोई खारिज नहीं कर सकता।

जीवन में अकसर यह होता है कि हम हमेशा आधे सच को पूरा मान बैठते हैं, क्योंकि किसी व्यक्ति को एक दायरे में समेटने और उस पर अपनी राय देने में संभवत: हम खुद को समझाने के लिए इसे ही सबकुछ मान बैठते हैं, क्योंकि दुनिया के लिए यही सबसे पसंदीदा टाइम-पास होता है—लोगों को उनके चुने हुए विकल्पों के आधार पर हम उनका आकलन करते हैं।

हम जिस चीज को अनजाने में भूल जाते हैं, वह यह कि आधे सच का दूसरा हिस्सा भी होता है, जो हमारे नजरिए को पूरी तरह बदलने की ताकत रखता है। दुनिया का असली चेहरा भी कुछ ऐसा तथ्यात्मक है कि नजरिए को आसानी से और बेहद नाजुक तरीके से बदला जा सकता है, उस व्यक्ति को नहीं। फिर भी, कपिल शर्मा जब मंच पर चहलकदमी करते हुए आते हैं और अगले 45 मिनट आपके जीवन को हँसा-हँसाकर लोट-पोट कर देते हैं तो निश्चित तौर पर वे हमेशा अपने बेहतर स्वरूप में ही होते हैं।

> *हम जिस चीज को अनजाने में भूल जाते हैं, वह यह कि आधे सच का दूसरा हिस्सा भी होता है, जो हमारे नजरिए को पूरी तरह बदलने की ताकत रखता है। दुनिया का असली चेहरा भी कुछ ऐसा तथ्यात्मक है कि नजरिए को आसानी से और बेहद नाजुक तरीके से बदला जा सकता है, उस व्यक्ति को नहीं।*

आप इस पुस्तक के आखिरी फुल स्टॉप की ओर पहुँच रहे हैं और अब भी कपिल शर्मा अपनी टीम के साथ दिन-रात किसी स्क्रिप्ट को अंतिम रूप देने पर काम कर रहे हैं, जो आगे चलकर आपको ठहाकों के दौरे दे सकता है और उनका हमेशा इसी चीज में विश्वास रहा है कि मुसकान-दर-मुसकान पूरी दुनिया को खुशहाल बनाया जा सकता है

और उनकी इस दुनिया को हमेशा ऐसे ही देखने की तमन्ना है।

कपिल शर्मा हमेशा से महानतम रहे हैं। वे हमेशा आत्माओं के संरक्षक हैं; वे हीरो हैं, जो अपने जीवन को दाँव पर लगा देता है; वे परिश्रमी हैं, जो हर दौर से गुजर सकता है और कॉमेडियन हैं, जो हमेशा आपका बना रहने तथा आपकी अपेक्षाओं पर खरा उतरने की, चाहे वह एक बेटे के रूप में हो, एक भाई, एक पति और अब एक पिता, जो अपने बच्चे को कभी निराश नहीं करेगा, जो हर चीज के लिए आप पर ही निर्भर है।

कपिल शर्मा—जीवन की इस भूमिका को कपिल शर्मा के सिवा दूसरा कोई बेहतर तरीके से अदा नहीं कर सकता।

□□□